三月瘋媽祖

王惠光——著

推薦序

走上神聖之道

中央研究院院士　李豐楙

在中華民俗藝術基金會中認識的奇材，王惠光律師即是其中之一。當時基金會亟需一位律師顧問，和成牌邱弘茂先生介紹。還強調：「王律師對民俗活動特有興趣，投入甚深。」一見面果然是同好，這次看到他寫的媽祖進香，將十年來年年參加的所見所感擇精書寫，一讀就難以釋卷。印證他投入民俗信仰之深，身之屨之、純屬一己的體驗，致使我也喚起許多回憶。家慈出生北港，雖過繼水林紀家，每年「三月痟（瘋）媽祖」仍時常返回北港，帶著家小「看熱鬧」：媽祖返回北港，此乃年少回憶。民國六十年在大甲美人山服預官役，一聽大甲媽進香活動，就請假跟隊，當時人雖不如現在之多，仍邊走邊體會；後來配合表演團隊的「修行」，另選白沙屯進香，體驗另一種情境。至於南瑤媽則因內人娘家在廟旁，一再講到自己的親身體驗。三處的媽祖進香就記錄於這本「手册」中，印證大甲人的一句口頭禪：「一生一定要走一趟進香！」王律師就像許多人，何止一次、樂此不疲，到底應該怎麼看待、體會？

這種「進香之旅」在當代臺灣，創造了一個「宗教奇蹟」！未曾因為現代化而冷淡，反而愈加風風火火，從常民到學者俱有，後者寫成專書、專論，遍及各學門：人類學、社會學、歷史學、宗教學，學理盡出，嚴謹有力，惜乎限於學術圈，「趣味性有限」！王律師則是翻轉寫法，坦率表明就是「注重市場性」，必須具有可讀性與趣味性，所以使用「記述性的隨筆方式」，這是一本典型的隨筆體。一看二十個標題，就知道涵蓋進香的方方面面，凡走過的就會「分享」，尚未走過的也不必擔心：放心各走一趟，就能體會什麼是臺灣味：人情味、鄉土味。這些原本存在於漢人社會的，在工商業化、現代化的社會變遷中，逐漸淡薄甚或消失，就在一趟旅程中重新體驗到：這就是臺灣最美麗的風景。他也承認有些「上不了檯面的人為操作」：搶轎、政治人物爭相露臉……卻選擇「只講光明面及樂趣面」，這些才是人的「初心」：去除機心、坦然相對，這個心是當下的、圓陀陀、光灼灼的，到底什麼情境促成的？

在一個職業律師眼中，常說：「這種工作讓他洞燭人性」，面對的是人心紛擾，士農工商、擔葱賣菜，階級不同，人慾則一。習以為常，就是「常」的一面：打拚、必贏，這就是律師的日常！身在社會之網中，處理的心總是糾葛、打結。等他經歷過進香旅程後年年投入，「也帶過許多有興趣的朋友參與」！在這麼忙碌異常的社會中，為什麼會有這種選擇？在他多年的見證後，除了本文的介紹，文末還附上的「小故事」，每一則多少負載著「大道理」，見證者可以是一個小孩、羞澀的村婦、一些不起眼的小角色……敘述雖說簡短，卻是初心朗朗、坦露於祥光下。這些故事偶或見於媒體，絕大多數是他自己親見耳聞的：一個「非常」的世界。這種情況舉世俱有，就像紀錄片的標題：「神聖之道」，到底形成什麼激勵的力量？

在律師之筆下記錄的村婦，樸實無華的語言：媽祖請客當然要用最好的；王功賣蚵嗲的小販，卸下價目表後臨時寫上：「媽祖請客，香燈腳免費」。王律師就是會「說故事」，說出來和大家共同分享，因為在日常之外看到「非常」：終於打開一個久被塵封、塵濁的世界，露進陽光與雨露。在平淡的敘述中，所寫的一些「感應」事蹟，在見證的神聖之旅中：「人在做，媽祖在看？」尋常人家既會打開家門，也就打開了心。在律師眼中的日常生活，其中充斥著病態：我贏你就輸、我聰明就詐騙你笨……在工作中處理太多的，就是日常世界的扭曲面向，但一旦人與神在感應中，就開啓了一個生機：諸如有些媽祖廟為什麼有靈氣，也就是靈性充滿！但有些為何沒有？因為「人在做，天在看」。就像燈座上常見的四個字：「天鑑在上」，媽祖之眼就是天鑑，所以走完一趟領取錦旗，不必評審，也無法審查，因為評審在心、走上神聖之道的「初心」：功德。

我也說一個不大不小的故事，在中部大學的校長室，一位校長娓娓道出：職務再忙，這段期間都要抽空走進香之路，並非為了測試毅力、體力，而是重複體驗在媽祖的祥光下。而後由他擴及學界，這個團隊凡有四、五十個，就在數十萬人中，共同體驗日常之外的「非常」之旅。在此不必掉書袋：朝聖？朝山？都不必；甚至還願、功德也不必，因為「人在做，自己在看」，當下的我、無意識的我，坦蕩蕩於中臺灣的天之下。王律師在筆下記錄的感應，就是初心的再發現：年輕人為何還要再走？為何大老闆堅持走完全程，作為眾人中的一個符號：自由自在、不被社會身分束縛？從而找回自己，一個被塵封的初心。這是一本體驗錄，也是一本「進香需知」，大家曷興乎來、一起分享心的躍動。

前言

大概從十年前開始，我每年都會參加媽祖進香的活動，也帶過許多有興趣的朋友參與，參加過的人都覺得進香活動很有意思且值得介紹。坊間雖然也有很多媽祖進香活動相關的書，但都是偏重從活動的儀式及宗教的觀點來說明。我卻想從一個實際參與者的角度來觀察及介紹，而我的目的是：

讓沒有參加過的人可以體會。

讓想要參加的人可以準備。

讓參加過的人可以回味。

臺灣的媽祖信仰，因為多重歷史及社會因素交織，已經截然不同於其他華人社會，演變成獨有的信仰文化。先民渡海來臺時要經過海象險惡的臺灣海峽黑水溝，當然會祈求海上女神媽祖的保佑。再加上清廷的攻臺及多次平定臺灣民亂的政治需求，累次對媽祖加封且在臺灣獨尊媽祖，媽祖遂成為臺灣民間最普遍的信仰。

臺灣早期的移民社會中，宮廟在社會凝聚功能上扮演重要的角色。在大陸原鄉多以同姓氏聚落為主，宗祠對同宗族居民有強大的凝聚作用，而臺灣的移民聚落來自不同姓氏，宮廟藉由定期舉辦的廟會及進香遶境等宗教性活動，鞏固了居民的感情並調節生活節奏。在大陸原鄉時會在宗祠中藉由對祖先的崇敬來定紛止爭，在臺灣移民社會中則藉由宮廟中神明的威儀讓居民的糾紛得以處理。宮廟與宗祠有類似的社會功能，卻有截然不同的風貌。

媽祖作為臺灣最普遍的傳統信仰，有關媽祖的宗教活動也影響早期移民社會的作息。而從一八九五年開始，兩岸政治上的長期分隔導致媽祖信徒以前往北港進香取代前往湄洲進香，這些歷史及社會因素再融合了移民社會傳承下來特有的人情味，使臺灣發展出特有的進香文化。

媽祖牽起的緣分，讓幾十萬人在共同的路上一起向前。幾百公里的路程中，進香客要發揮毅力徒步隨行，而彼此間萍水偶遇的真情交談、自然流露的熱誠互助，更有無數默默付出在沿途為進香客準備吃食、提供交通、慷慨借用衛浴、發放必需品等後勤補給的熱心民眾。是幾十萬人共同協力合作，才能讓進香活動順利完成。

如果要講臺灣最美的風景是人，則支撐這美麗風景的人情味確實在媽祖進香的活動中展現無遺。

媽祖誕辰是農曆三月二十三日，在農曆三月時節，媽祖慶典的相關活動特別多，所以有三月痟（瘋）媽祖的說法。

文化部所登錄的國家重要民俗總共有二十四項，其中第三項到第五項分別是「大甲媽祖遶境進香」、「北港迓（迎）媽祖」、「白沙屯媽祖進香」。這三個活動因為規模特別盛大而且最具有代表性，成為三月瘋媽祖的象徵。本書以隨筆的方式記述我參加大甲和白沙屯兩個進香活動的心得及記憶，並且在最後介紹我也曾多次參加的北港迎媽祖活動。

目次

我經常帶一群朋友參加媽祖進香活動。

第一章

大甲和白沙屯的不同

每年媽祖進香活動期間，媒體都會大量報導，熱鬧的畫面往往吸引民眾的目光。朋友們知道我每年都去參加，經常就會有人跑來問我說，到底媽祖什麼時候要去進香，明年他也要排休假跟著我去。

我每次都回答：我不知道欸。

真的是很抱歉，但我確實是不知道。因為每年媽祖進香的日期都不一樣。大甲鎮瀾宮是在農曆正月十五日元宵節當天的下午六點由董事長擲筊請示媽祖；白沙屯拱天宮則是每年的農曆十二月十五日中午一點由當年的爐主擲筊請示媽祖。在擲筊確定日期之前，誰都沒有辦法知道什麼時候去進香。

朋友又問全程需要幾天？要保留幾天的休假才夠？

我就回答：大甲媽祖確定是九天八夜，但白沙屯媽祖的總天數也是在農曆十二月十五日擲筊決定，在此之前，誰都不知道要走幾天。

朋友又問，那路線到底要怎麼走，他不想帶睡袋睡地上，他想要在沿途的飯店過夜，看能不能先知道行程好預訂飯店。

我只好說：大甲媽祖的路線是固定的，但是白沙屯媽祖的路線全部由媽祖臨時決定，事前誰也不知道。

如果照我說的，看起來大甲媽祖和白沙屯媽祖兩個進香的行程好像不大一樣。確實真的是不一樣，兩個活動至少還有以下的差異：

一、大甲沒有報名制度；白沙屯進香活動則有報名的制度，報名者會拿到臂章、背心、帽子、毛巾。

二、大甲叫作「往新港遶境進香」；白沙屯叫作「往北港進香」。不只前往的地點不同，因為「遶境進香」及「進香」名稱的差異，兩個活動的本質及內容也有差異。

三、大甲媽祖神轎的前方有報馬仔、頭旗頭燈、開鑼鼓、繡旗隊、五大神將團、哨角隊、三十六執士隊等莊嚴龐大的前導陣頭，規模浩浩蕩蕩；白沙屯媽祖進香的路程中，神轎前只有頭旗，沒有其他陣頭前導。

四、大甲的隨香客在出發前三天開始吃素；白沙屯的香燈腳要在出發前三天茹素或吃早齋。

五、大甲到新港的去程全部吃素，包括沿途民眾提供的點心餐飲也都是全素，在新港祝壽大典完之後才可吃葷；白沙屯的去程及回程，葷素皆可吃。

六、大甲的路線固定，隨香客大部分都自行走在神轎前方，而且是距離很遠的前方；白沙屯因為路線不定的關係，隨行的香燈腳大都聚集在神轎的附近或者神轎後方。

七、大甲的神轎是八人大轎；白沙屯的是四人輕轎。因為神轎的大小不同，民眾鑽轎底時，大甲的神轎仍然直行前進；白沙屯的神轎則會偏向一側斜行向前。

八、大甲神轎的轎頂有光彩炫目的五指山ＬＥＤ燈；白沙屯神轎行進速度快，轎頂又有粉紅色帆布，有「粉紅超跑」別稱。

經常在夜間行進的大甲神轎總是帶給當地民眾亢奮的心情。

在等待「粉紅超跑」白沙屯神轎擇定前進方向的時刻極富有神秘感。

九、大甲日夜都在趕路，晚上駐駕過夜的時間也很短；白沙屯在用餐時間會停駕休息讓香燈腳用餐，晚上也會有較長的駐駕過夜時間讓香燈腳睡覺。

十、大甲的神轎在大部分的路段開放給一般民眾幫忙抬；白沙屯的神轎則幾乎都由轎班人員負責抬。

十一、大甲的神轎短暫停駕休息及晚上駐駕過夜的地點都是在宮廟，而且是事先就確定好的地點；白沙屯的神轎不只會進入宮廟，也可能會進入民宅、商家、公司行號、政府機關、學校團體停駕休息或駐駕過夜，地點事先不確定。

因為兩個進香活動有很多不同的地方，參與者的體驗及感受也會不一樣，產生的樂趣也會大大不同。這也是進香活動的魅力所在，所以很多人兩個進香活動都會參加。每年只要有時間，兩個活動我都會去。

萬人進香路

無論是大甲或者白沙屯，都會看到有很多小朋友在長輩的帶領下參加進香活動，大太陽下走那麼遠，連大人都不見得吃得消，這些小朋友卻不吵不鬧，勇敢向前，令人動容。

發送物品時經常是全家出動，小朋友要上學，通常是在週末或者放學之後，才會跟著家人出來幫忙。小朋友表情及動作天真可愛，要拒絕他們發送的東西是很困難的事情。

沙屯媽祖遶境

第二章

香燈腳匯集成的橘色潮流

香燈腳（或稱香丁腳，臺語的發音相同）是白沙屯對於跟隨媽祖徒步走到北港進香信眾的稱呼。其實這是早期對於參與進香活動信眾的普遍稱呼，但現今很多宮廟已經不再使用，白沙屯則從一百多年前就一直沿用至今，沒有改變。這個稱呼饒富鄉土氣息而且容易上口，參加進香的人也都樂意使用。

「香」與「燈」都是神桌上祭拜儀式中所不可或缺的物品，代表敬仰奉獻之意，而宮廟有活動時會向祭祀圈內的居民收取「丁口錢」（男性為丁，女姓為口），「腳」在臺語中則是對某個特定群體成員的泛稱。香燈腳或香丁腳的意思就相當於追隨某位神明的信眾總稱。

大甲這邊對於陪同進香的信眾則多以隨香客稱之，但近年來也漸漸有人使用香燈腳的稱呼方式。

在本書當中為了分別起見，如果單單指白沙屯的進香客時就稱「香燈腳」，如果單單指大甲的進香客則稱「隨香客」，如果泛指兩個進香活動的參加民眾則統稱「進香客」。

白沙屯進香採報名制，報名繳費後會取得臂章、背心、橘色的宮廟帽，還會附帶送一條粉紅色的毛巾。報名的香燈腳名字會寫在媽祖進香的吉祥疏文上，到了北港朝天宮舉行進火（刈火）的儀式時，會將全部香燈腳的名字逐一誦唸，之後隨同疏文燒進朝天宮的「萬年香火」香爐當中，稟報並祈求媽祖保佑報名參加的香燈腳平安順適。

早期參加白沙屯進香的香燈腳只有數百人，直到二〇一〇年時報名的人數也還不到五千人，因為人數不多，當時誦唸所有香燈腳姓名不是太麻煩的事。但是到了二〇二四年，報名人數將近十八萬人，名冊分別寫在一千張疏文上面，在進火時動員了五百個人同時分持兩張疏文誦唸姓名，才完成這項艱鉅的任務。

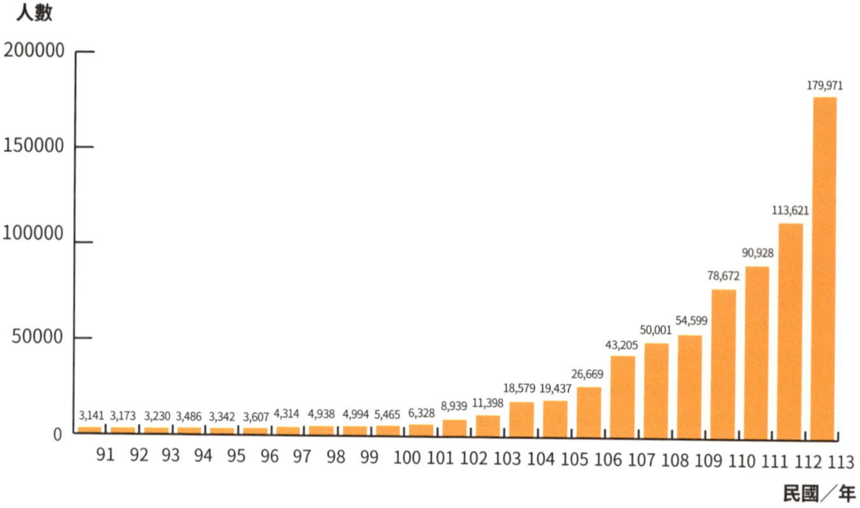

拱天宮近年進香報名人數。

在所有報名後取得的配件中，最重要的是臂章。雖然每年臂章的顏色都相同，但上面的年度字樣會有差別，可以用來辨識是不是今年報名的香燈腳。進香沿途很多熱心民眾贈送餐飲或紀念結緣品時，因為怕那些沒有報名的一般民眾也來胡亂領取而導致數量不足，就會在贈送同時要求出示臂章，並在臂章上做記號以防重複領取。

每年白沙屯廟方製作的背心數量是參考去年的報名人數製作。因為數量有限，而報名的人數年年創新高，所以經常會發生背心的製作數量不足以應付報名人數的狀況。如果比較後面報名的人就會拿不到背心，在這種害怕拿不到背心的恐懼心理之下，大家都是爭先恐後搶著報名。每年第一個報名的香燈腳，都是開放報名前的好幾天就露宿在報名會場所在的拱天宮香客大樓外面，以便能夠順利拔得頭籌。而報名開始後的前幾天也都是人山人海，等待報名的長長人龍持續不斷，直到背心發完之後報名的人潮才會稍稍減緩。

在報名時還會發一條粉紅色毛巾。臺灣天氣溼熱而且太陽熾烈，很多做工務農的人都會在脖子上掛一條毛巾隨時可以擦汗，但一般人不大會有這樣的打扮。對很多都市地區來的香燈腳而言，脖子上掛著毛巾走路是很特別的經驗。這條粉紅色毛巾可以用來擦汗，還可以遮陽，很實用，也很有鄉土氣。

有時候是因為沒有拿到背心，有時候是因為衣服穿搭的關係，所以並不是所有的香燈腳隨時都穿著背心，但幾乎所有的香燈腳都會捨棄自己的帽子而戴上印有「白沙屯拱天宮」的橘色宮廟帽。一般而言，宮廟帽的款式及顏色會被認為比較土氣，平常大概只有鄉村地區上了年紀的男性才比較會戴。但白沙屯進香期間，即使是穿著頗具現代感的時髦年輕男女，也都會乖乖戴上拱天宮橘色的宮廟帽，彷彿還帶有某種文青味。

報名並取得制服後就充滿即將出發的喜悅。

帽子和臂章的顏色每年都一樣，但背心的顏色會逐年更換。

因為白沙屯媽祖的神轎路線不定，香燈腳們不大會超前神轎太多，幾乎都跟隨在神轎附近及神轎後方，香燈腳聚集也讓白沙屯的進香隊伍看起來特別壯觀。無論是在城鎮區的大街小巷，或者是在郊區的鄉道田埂，成千上萬頂的橘色帽子會構成視覺上的美感。無論從遠處看或近處看，也不管從高處看或低處看，都會感覺像是橘色的潮水般在穿梭流動。

帽子和臂章的顏色每年都一樣，但背心的顏色會逐年更換。因為香燈腳們穿著相同顏色的帽子與背心，整齊劃一，會讓香燈腳產生歸屬感與榮譽感。強大的辨識效果則會產生相互協助及照應上的方便性，在進香期間向附近民家借用廁所、借宿廊下或請求幫忙時，只要穿著制服，不必開口，人家就知道來意，甚至會主動招呼提供協助。

曾經有好幾次，我因故沒有一大早就跟在進香隊伍旁邊而必須搭車去追尋，當我在火車站下車，因為離神轎及隊伍有一些距離，都會煩惱如何去追媽祖，不過每次都會出現有穿同樣制服的人前來詢問要不要一起出資包計程車前往神轎所在。

眾多的香燈腳每每讓所到之處的交通為之癱瘓。

香燈腳戴著拱天宮的橘色宮廟帽，使得中臺灣的道路宛如橘色潮水在流動。

更有幾次，因故離開隊伍較遠而落單時，就有熱心的當地人主動問穿著制服的我要不要搭便車前去接近進香隊伍。

也因此，我不只曾經搭過轎車及機車，也搭過小發財，甚至連拼裝三輪車、載運蔬果的農機車都坐過，這些都是住在都會區的人難有的體驗。要不是我參加進香，不會有這個機會；要不是我穿著制服，也不會有這些機緣。

萬人進香路

理論上，香燈腳的臂章是掛在手臂上，但穿脫更換上衣時會怕不小心弄丟，而且領取結緣品時還要拿下臂章蓋章做記號，所以很多人就把臂章別在背包上或者其他方便拿取但又不容易弄丟

的地方，也有很多人別在帽子上。就有不少人別出心裁，結成各種花樣戴著，好像戴著粉紅色的花朵。

第三章

精緻華麗的進香旗

全程跟隨大甲媽祖進香的隨香客通常手上都會拿著進香旗，這也是大甲媽祖進香的照片及影片中經常出現的意象。三角形的進香旗色彩華麗鮮豔、圖案精緻美觀，富有傳統意味及宮廟氣息，有很多不明就裡的觀光客看到就會想買回去當紀念品。

但千萬不要，進香旗並不是好看的裝飾品或紀念品。

進香旗在大甲鎮瀾宮及附近的商家都買得到，所以買旗不難，問題是買旗之後會有一大堆的宗教儀式及規矩需要遵守。首先要進行「請旗儀式」，必須先去鎮瀾宮服務臺登記個人資料，然後在旗上掛上符令並蓋宮印，再拿去香爐順時針方向繞三圈。請完旗之後等於帶有神界的兵馬隨行，進香期間每天要行起馬禮和下馬禮，讓神界兵將們知道何時要出發及休息。進香期間，進香旗不可倒置也不可帶進浴廁或放到不潔之處，更不可以帶著進香旗鑽轎底。到新港奉天宮祝壽大典完後要搖動旗桿呼喚兵將歸隊，然後封旗將靈氣帶回家，放在神明廳或家中潔淨的地方。在第一次請旗之後至少要連續走三年，每年出發之前要行放旗儀式並準備供品犒軍，犒賞慰勞神界軍將兵馬。

看到這一大堆規矩就知道，除非你有全程進香的決心，否則不要一時興起隨意購買進香旗當作紀念品。

進香旗的儀式性與莊嚴性很大的功能是維繫了大甲媽祖隨香客的宗教情感。在進香沿途，按照鎮瀾宮廟方所定的行程上會經過的宮廟，都會準備大量的平安符讓隨香客繫在進香旗上，一方面保佑平安，一方面也督促隨香客走完全程。去程的時候進香旗沒有套，可以看到進香旗繫著一堆平安符，回程時進香旗會用黃色封套套住，將靈氣帶回家。

而各宮廟除了會準備平安符令讓隨香客繫在進香旗上，也會準備宮印讓隨香客可以在進香旗上蓋印。但因為進香旗色彩華麗，宮印蓋在旗上其實並不明顯，而且沿途會經過將近兩百間宮廟，進香旗面積並不大，空間不夠，宮印只好重疊蓋。

在進香旗上繫上符令也繫上宮廟的保佑。

回程時進香旗會套上黃色封套將靈氣帶回家。

在進香旗上蓋宮印的動作督促著隨香客認真走完全程。

近年來有不少人購置專門用來蓋宮印的集印冊或集印紙，蓋上沿途每個宮廟的宮印，搜集成冊當作紀念，或者將集印紙展開後貼在牆上甚至裱框懸掛，代表自己也走完了全程。

白沙屯也有進香旗，請旗、放旗、犒軍等宗教儀式和大甲的差不多，不過大甲是以人為單位，一人一旗；白沙屯則是以戶為單位，一戶只請一旗。而且依據白沙屯祭祀圈的傳統，人無法進香時旗也要去進香。所以如果有某一戶人家完全沒有人可以代表去北港進香，該戶人家就會將進香旗託請其他鄰居或者交給拱天宮廟方一起載去北港進香。現在也有很多白沙屯村民，人有去走但不隨身帶旗，將進香旗託由廟方載送。

每年在拱天宮放頭旗典禮之後，白沙屯家家戶戶就會將進香旗請出來，進行三天的「開旗犒軍」儀式。每天會準備豐富的祭品抬到拱天宮前，請即將在進香過程中護衛大家的神界兵馬官將享用，同時還要齋戒沐浴三天。

因為有這些繁複的宗教儀式，所以請領白沙屯進香旗的還是以拱天宮祭祀圈內的人為主，外地人較少請領。也因為白沙屯媽祖的進香路線無法預知，事前並不知道會經過哪些宮廟，所以也不會有宮廟預先準備大量的平安符讓香燈腳繫在進香旗上。

白沙屯祭祀圈內的本地人會依照傳統請領進香旗，而大量和白沙屯沒有地緣關係的外地人參加進香則是用報名的方式（本地人當然也可以報名）。

曾經在白沙屯進香的路上和一些年輕人聊天，他們說來參加進香活動時總覺得身上要有一些象徵，可以表現他們不是路人而是跟著媽祖進香的人。去參加大甲遶境進香是要拿進香旗，但他們覺得拿進香旗會有諸多宗教儀式上的責任讓他們有壓力。報名白沙屯只要佩戴制服臂章，並不會感到有宗教上的負擔，他們覺得輕鬆許多。我在想，這也許是白沙屯報名人數日益增多的原因之一。

背著進香旗代表背著虔誠的心情。

在拱天宮內集體託運的進香旗。

帶著進香旗的大甲隨香客。

不過相對地，也因為沒有負擔，所以報名的人數遠多於每天實際上在走的人數。經常看到很多香燈腳身上掛著好幾個甚至十幾二十個臂章，就代表很多人報了名之後實際上沒有來走（或者至少不是每天走），所以才會一個人代表很多人走。

報名制度讓白沙屯進香的知名度快速增加，也為白沙屯的村落居民帶來了好壞相伴的影響。以前曾經有白沙屯村民外出工作要請假回家參與進香活動，遭受老闆以迷信、低俗的言語來指責與為難。近年來因為媽祖進香活動的知名度提升，類似的困擾已經不再有，甚至也讓白沙屯村民為自己的故鄉感到榮耀。

但是，本來白沙屯進香只是小村落中祭祀圈的事情，現在多了十幾萬和白沙屯扯不上關係的陌生香燈腳來參與，確實也帶給了白沙屯村民一些不便。即使相對於其他進香活動，白沙屯的進香還是盡量保留最多的傳統原貌，但很多傳統也漸漸流失，例如到北港進廟及刈火時，以前所有參加進香的人幾乎都能夠進到朝天宮裡觀看完整的典禮，但現在除了核心的執事人員之外，即使是白沙屯本村的人，也已經無法進入參與。又例如到北港進廟後會有拜天公的儀式，以前是要等所有的人沐浴更衣之後另擇吉時祭拜（第一次參加的人甚至要從裡到外，內外衣全部換新），現在十幾萬個香燈腳將朝天宮外圍擠得水洩不通，根本不可能有地方沐浴更衣，所以媽祖神轎進廟後沒多久就直接拜天公，大家也不再更衣沐浴就地祭拜。

白沙屯的進香隊伍中只有極少數人會帶著進香旗。

報了名卻沒有空來走的人只好請其他人帶著他的臂章走。

萬人進香路

曾經在大甲遶境進香途中遇到一位年輕女子拿著與她年齡並不相符的古老進香旗。我和她行走時沒有遇到彼此，但真的很有緣分，好幾次休息時都剛好坐在她旁邊。我看她每次休息時就會從背包中取出一張相片端詳甚久，就忍不住開口搭訕，問她說相片中的人是她的親人嗎？她說是她阿嬤。父母早逝的她由祖父母帶大，阿嬤每年都帶著進香旗參加大甲媽祖的進香，她也曾經答應阿嬤要陪阿嬤去進香，但因為學業、工作關係都無法成行。數年前阿嬤病倒，去年過世，她今年就下定決心把阿嬤的進香旗拿出來，帶著阿嬤的相片陪阿嬤來進香。

另一路上所見，大甲媽祖停駕休息的地點幾乎全部都是宮廟，但有一個例外，就是虎尾鎮北溪里的擇元堂這間民宅。幾十年前擇元堂落成時，附近沒有民宅可供休息，擇元堂的主人主動提供空間讓陣頭及隨香客休息如廁並提供吃食餐飲，久而久之成為大甲媽祖唯一停駕的民宅。擇元堂還特別刻了印章，讓隨香客到此也有章可以蓋，成了大甲媽祖遶境進香沿途唯一不是宮印的印章。

第四章

媽祖廟前的萬人大露營

沒有參加過進香的人最好奇的應該是進香客們住宿的問題。隨行進香的人成千上萬，又有那麼多天，到底在哪裡睡？如何睡？

老實說，進香不是郊遊旅行，總是有其刻苦的一面，住宿問題恐怕是進香過程中最辛苦的部分。

不管是大甲媽祖或者白沙屯媽祖，進香的路線沿途只有彰化市和員林市能夠稱得上算是都市，其他大多是鄉間小鎮及小村落。幾萬人忽然湧進不甚繁榮的小地方，當然不可能有那麼多的旅館和飯店可以提供住宿，能夠找到一小塊空間席地而睡就是最簡單也最常見的住宿方式。

如果很幸運的話是可以搶到香客大樓的床位，但絕大部分的人就在進香沿途大小廟宇的走道、廊下、廟埕、廂房休憩。公園、空地也都是很好的場所，經過的行政機關如縣政府、議會、學校、活動中心、體育館等，在媽祖進香期間也大多會開放提供給進香客住宿。再不然，市街中心的騎樓走廊，民家屋簷下也都可以睡。要隨行進香，總是要帶點苦行精神。

不過，關於晚上如何睡覺這件事，大甲的隨香客和白沙屯的香燈腳還是有一些不同的地方。

大甲媽祖進香路線固定，就連會經過哪一間宮廟短暫停駕或駐駕過夜都已經事先排定，所以大甲的隨香客並不會跟在神轎旁邊走，而會走在神轎的前方，甚至是離神轎很遠的地方，進香全程幾乎完全看不到神轎。

為什麼會這樣？道理其實很簡單。雖然說按照鎮瀾宮公布的行程，看起來好像大甲媽祖每個晚上都會排定在某間廟宇駐駕過夜，但如果稍微仔細看，就會發現其實排定在這些宮廟駐駕過夜的時間都只有短短幾個小時，很快就要再行起駕繼續往下走。而如果遇到鑽轎底的人潮或其他因素行程耽擱，駐駕過夜的時間會更縮短，經常進入廟裡停留一、兩個小時就又匆忙起駕。

神轎的轎班人員有分組，可以輪流休息及替換，所以神轎白天和晚上都可以持續趕路。但隨香客是人不是神，一定要由本尊自己走，沒有分身可以替換休息，如果跟在神轎旁邊等媽祖駐駕時再睡覺，神轎換了轎班人員馬上就可以繼續上路，但等到隨香客睡醒時神轎恐怕早就跑遠了。

所以大甲的隨香客不會跟在神轎旁邊，進度都會超前，走累了遇到宮廟或可以休息的地方就會休息，休息完了再繼續走，這樣才能保持永遠不落後神轎。因此，在大甲媽祖進香沿途會經過的宮廟，無論白天或晚上，都可以看到很多隨香客在睡覺休息。

大甲的隨香客會超前神轎很遠，甚至會達到二、三十公里以上。以起駕當天而言，媽祖是在晚上十一點的子時才會起駕出發，但大部分的隨香客當天白天在鎮瀾宮拜完媽祖之後就會陸續出發。等到晚上十一點，媽祖起駕離開鎮瀾宮，神轎還在大甲，大部分隨香客已經走到清水沙鹿一帶，有些人抵達大肚，甚至有些人已經到達彰化市。

而遶境進香的第四天早上，大甲媽祖在新港奉天宮舉行祝壽大典後會停留一整天，直到午夜才起駕回鑾，隨香客則大多在中午、下午就陸續出發往回走。

新港奉天宮前的大小公園都是隨香客過夜的帳篷。

隨遇而安的進香客在廟中走道上就可以入眠。

在大甲媽祖進香期間，不管白天晚上，沿途的路上都可以看到隨香客在行走。到了晚上，為了安全起見，隨香客會在背包上或衣服上懸掛ＬＥＤ燈並貼上反光貼紙，讓往來車輛可以注意到路邊有人在行走。

如果在進香期的夜間，開車沿著進香路線前進，就會看到公路旁邊綿延達數十公里不斷出現的隨香客，任何人看到深夜時分還有這麼多人虔誠地為了追隨媽祖在徒步趕路，大概都會被他們的意志與誠心所感動。

大甲媽祖的隨香客是陸陸續續出發，隨時隨地休息，前後分散在數十公里的路上，所以並不會集中在一個地方同時睡覺，人流的分散也稍微解決了一部分住宿場所不足的問題。當隨香客們第三天晚上到達新港後，都會等待第四天白天舉行的祝壽大典而不會繼續前進，好好休息儲備回程的體力。所以第三天晚上在新港聚集了最多的隨香客，整個新港的公園、空地、宮廟、香客大樓，到處都是就地搭起的帳篷。此情此景，就好像在媽祖廟前舉辦童子軍的萬人大露營。

白沙屯的情形不大一樣。因為白沙屯媽祖的路線不固定，在不知道媽祖要往哪裡走的情況下，香燈腳如果超前神轎太多，萬一媽祖在後方來個轉彎轉到不同的方向，就要回過頭去追。所以白沙屯的香燈腳幾乎都是緊緊地跟在媽祖神轎附近或者神轎後方，不會超前太多。

白沙屯媽祖晚上駐駕過夜的時間會很長，至少都有七、八個小時，香燈腳跟在神轎旁邊並不怕沒有時間睡覺休息，所以香燈腳的作息是媽祖走就跟著走，媽祖停就跟著停，媽祖駐駕過夜就跟著睡覺。

因為香燈腳很集中，不像大甲的隨香客比較分散，住宿就成了大問題。當白沙屯媽祖決定駐駕過夜的地點時，附近會有幾萬人同時要找地方休息過夜。因為隔天一大早又要從媽祖駐駕過夜的地點起駕再出發，香燈腳如果跑太遠過夜，第二天早上恐怕趕不回來。

因為有這樣的問題，白沙屯特別安排有香燈腳專用的遊覽車。香燈腳在報名時可以選擇報名步行遊覽車，就會拿到綠色臂章（一般是粉紅色臂章）。在進香的過程中，會安排一個遊覽車的車位讓他們置放隨身物品及裝備，白天時他們就可以輕裝下去走，到了媽祖決定駐駕過夜的地點時，跟在隊伍後方的遊覽車會開到約定的地點（每一輛遊覽車會各自成立一個聯絡群組），然後將整車的香燈腳載到比較遠的地方，找民宿或者香客大樓過夜。隔天一大清早，再將整車的香燈腳載回媽祖駐駕的地點，跟隨媽祖一同起駕。

至於那些沒有登記遊覽車的香燈腳，就必須各憑本事各顯神通了，就近在駐駕地點附近找個空地搭帳篷睡覺是最常見的方式。

幸好，因為白沙屯媽祖行程不固定，經常去到不同的地方駐駕過夜，當地的民眾對於難得來到的媽祖都極度興奮與歡迎。懷抱著幫忙媽祖照顧香燈腳的心情，當地民眾會提供香燈腳最大的幫忙，而且香燈腳都穿著制服戴著臂章，很好辨識，民眾不會有太大戒心。鄉下地方空地多，三合院的曬穀場、閒置的房屋、廠房，或者屋簷下、走廊邊，甚至客廳都會提供給香燈腳過夜。是臺灣人特有的人情味以及對媽祖信仰的崇敬解決了香燈腳的住宿問題。

最近幾年，參與進香的人數增加許多，其中沒有辦法就地紮營睡帳篷或露宿公園街頭的人，會選擇在當地親友的協助下，搭乘交通工具前往親友家或較遠鄉鎮的旅宿場所過夜。彰化市因為地處臺鐵山海線交會地，交通便利又是進香地點的中間點，每到進香時節，彰化市的旅館飯店就會爆滿，在旅遊淡季中藉著媽祖幫忙發一筆小財。

萬人進香路

二〇二三年白沙屯媽祖擇定在農曆的一月間前往北港進香，時值冬季且經過的地方又是農業空曠區域，晚上輻射冷卻效應，非常寒冷，香燈腳都很辛苦。

經過彰化社頭時，媽祖在協天宮駐駕過夜，一旁的社頭國小滿滿都是人。我看到校門口有一個人拿著臨時製作的標語，請大家去他的工廠過夜。他跟我說因為產業外移，他的工廠現在空空的，難得大家來，可以幫媽祖照顧香燈腳，讓大家有個地方過夜。

還有一對老夫婦也在校門口招攬香燈腳到他們家過夜。他們說家裡是四層樓透天厝，子女外出工作成家，他們只住一樓，其他三層空著，請大家不嫌棄的話，可以去他們家樓上過夜。媽祖難得來，香燈腳會為他們家帶來不常有的人氣，他們真的很高興。

很多民眾都樂意提供可住宿的場所給進香客。

社頭國小的體育館裡滿滿都是香燈腳。

第五章

累了請上車

白沙屯進香號稱來回要走四百公里（直線距離約三百公里），大甲遶境進香來回要走三百公里（直線距離約兩百公里），走那麼遠，累了怎麼辦？

其實不用怕，就在隊伍的旁邊，可以看到有很多的香客服務車跟隨著隊伍前行，走累的人可以上車去坐著休息，休息夠了再下來走。這些服務車都是熱心的民眾主動放下手邊的工作來幫忙，完全不收費，他們在進香期間所做的服務就是幫忙載運走不動的進香客。

大部分的香客服務車都是小貨車改裝的，把貨架的雜物清空，擺一些小板凳並加以固定，這樣就能載十幾個人。貨車後方的防護板放下來後會空空的，上下車都很方便。

各式各樣的服務車載著歡歡樂樂、腿累心不累的進香客。

當然，也有很多服務車是轎車。轎車不易改裝，就在車外寫上告示，讓人家知道這裡也可以服務。最近幾年服務車的規模越來越大，甚至有大型遊覽車及大型貨櫃車也加入服務車的行列，載客量當然就多很多。

載客服務車的外型很明顯，無論是哪一種車輛，都會有布條、紙板招牌，或直接在車窗上寫著「累了請上車」的字句。想坐服務車的話也很簡單，在任何地方看到服務車，跟司機招手打一下招呼，只要後頭還有空位，司機就會停下來讓你上車。有些服務車也會主動招攬，所以進香沿途常常會聽到「累了請上車」的廣播聲音。

有很多初次參加進香的人，即使沒有走得很累，也都會想坐上去載客服務車試試看。這種鄉土味十足的交通方式，總會帶來許多歡樂。

大甲的隨香客比較分散，有時候相差幾十公里，服務車相對感覺較分散，隊伍旁邊比較不容易看到服務車。

白沙屯的香燈腳都聚集在神轎附近及後方，人數又多，服務車便相對比較集中。經常會看到有大量的載客服務車跟隨白沙屯的隊伍旁邊一起向前行進，數量之多，幾乎是隨招隨有的狀態。

即使家中沒有貨車可以改裝也要開著轎車來服務。

載客量大的遊覽車當然能夠提供更大的服務能量。

另一方面，因為白沙屯的香燈腳大部分都有穿制服及戴橘帽，辨識度很高，服務車很容易找到服務的對象。所以不只是在隊伍的旁邊，甚至在神轎位置附近的各個火車站及巴士轉運站，也會經常有服務車主動招攬那些穿著制服的落單香燈腳，問要不要幫忙載到神轎及隊伍旁邊。

因為服務車外面都會貼上「累了請上車」的顯目字句，廣播也反覆地誦念累了請上車，久而久之，大家都把載客的香客服務車暱稱為「累了請上車」。

其實服務車不只載客，還有其他後勤補給的服務車，其中以現代人最需要的手機充電服務車最為貼心。進香時間那麼多天，沿途會有聯絡、照相、查資料等等的需求，手機使用量頗大，很快就沒有電。而參加的人那麼多，充電的地方當然不足，有些人看到有手機充電的需求，乾脆就買柴油發電機裝在小貨車上，並配上插座等充電設備，就變成充電服務車。剛開始只有少數，最近幾年，充電服務車越來越多。當然，充電也是免費的。

而在所有進香隊伍的服務車當中，最具有現代化管理思維及效率的，要屬白沙屯的行李服務車。

大甲的隨香客比較分散，而且多是採取走累了休息，休息夠了再上路的方式，加上白天出發和晚上過夜的時間及地點也因人而異，所以大甲隨香客的行李不容易集中保管。

白沙屯的香燈腳都集中在神轎附近及後方，而且香燈腳一大清早會和媽祖一同起駕，晚上則和媽祖同時駐駕過夜，所以從很多年前開始，就有服務車專門幫香燈腳載運行李。從早上起駕的地點將行李集中後，載送到到晚上駐駕的地點再還給香燈腳，這樣讓香燈腳白天可以輕裝行走，沒有背行李的負擔。

二〇二四年開始拱天宮更正式成立了行李運輸公務車隊，準備了好幾輛大型的貨櫃車。要寄放行李的香燈腳在報名時可以登記行李寄放（很快就額滿了，沒登記到的人只能期待每天如果還有置放空間時會開放的少部分候補名額）。每天早上，有登記到的香燈腳先將行李寄放，到了晚上駐駕地點確定後，工作人員會將整個貨櫃中堆放如山的行李先卸下，按號碼順序分別放到不同的籠車欄架中，當香燈腳前來領取行李時，工作人員可以依照號碼迅速從籠車中取出行李。雖然這個服務也是免費的，但其高效率的表現，絕對不輸給收費的國際快遞公司或機場航站。

行李服務車。

充電服務車。

即使有大型的行李服務車卻還是粥少僧多，要在報名時率先登記才搶得到名額。

將行李以籠車欄架分開置放，方便領取，表現高效率的管理。

萬人進香路

所有的服務車車主不只是要在進香期間放下手邊的工作，還要自己花錢將貨車做一些改造，從各式各樣貨車改裝的方式就知道他們是以質樸的心從實用的角度來做改裝。有一些服務車很有創意，有一位司機把小貨車裝上綠色植物讓服務車顯得綠意盎然，他告訴我這樣乘客會有在樹下乘涼的感覺。

最有名的是汪汪香客服務車。他的貨車後方拖著另一輛連結車，第一輛貨車上裝載有瓦斯桶及熱水器瓦斯爐，可以提供進香客簡單的熱飲及沐浴；後方連結的那輛貨車則改裝成下面可以坐人，車頂可以曬衣服的全方位服務車。

這兩輛服務車每年都是大甲白沙屯兩邊跑，非常顯目，參加進香的人都有機會看到他們。

香客服務車

銓乙
Panasonic
天上聖母

第六章

媽祖請客當然要用最好的

很多去參加過媽祖進香的人都會說，明明走了數百公里，運動量充足，可是為什麼這一趟走下來居然沒有瘦，反而還胖了幾公斤。

道理很簡單，因為媽祖進香沿途，有無限供給的餐飲點心，不只好吃，而且全部都是免費的。一邊走一邊吃，吃了幾百公里下來，不胖也很難。

大甲媽祖遶境進香沿途的各個大型廟宇，都會在神轎來臨前準備大量的食物，接待遠道而來的各路隨香客。廟裡擔任烹煮的志工媽媽們一大早，有時候甚至是前一天或前幾天，就在廟裡面洗切食材，烹煮炒炸，準備迎接進香隊伍的到來。

問她們累不累，都說是為媽祖準備的，不會累；問她們怎麼都這麼好吃，都說隨香客走那麼遠很辛苦，當然要煮最好吃的給大家吃；問她們怎麼煮這麼多這麼豐盛，吃不完怎麼辦，都說幫媽祖請客，不能漏氣，準備太少會沒面子。

中餐及晚餐的餐食通常是一連串大型菜桶或大型圓盆盛裝的大鍋菜，由大家自行用大杓子舀取飯菜。雖然不一定是什麼高級食材，但共同點是味道都很好。這是要幫媽祖招待大家，是敬獻給媽祖的心意，絕對不能草率。

偶爾也會看到有人以流水席的方式供餐，湊滿五人就開桌，最多坐八人，所以可能和不認識的人坐一起。標準是六菜一湯，外加白飯炒麵無限供應。坐定後服務人員迅速上菜，吃完後迅速撤菜清理桌面讓下一批的人上桌。效率很快，翻桌率很高，一個小時內翻桌翻個三、四次是常有的事。

現代工商社會中，大家已經沒什麼機會吃到這種桌子不動、人如流水來來往往的真正流水席，媽祖進香時倒是有這個機會。

大甲媽祖前往新港的去程是吃素的，所以大家提供的餐食點心都是素食。從新港回大甲的回程就可以吃葷，餐食提供者都會把葷食區及素食區分開擺放，長期茹素者也不怕錯用。

白沙屯是在出發前三天吃早齋（也可全天素），但出發後全程可以吃葷。

要吃流水席就要有和陌生人同桌共餐的心理準備。

在長長的帆布篷架下有無數的大圓桌擺放著大圓盆盛裝的飯菜，讓大家取用不盡。

用餐時間停駕休息與否，白沙屯和大甲不大相同。白沙屯一定會在用餐時間停駕，讓大家有用膳及休息的時間，可能一到兩、三個小時不等，由媽祖臨時決定。至於大甲媽祖的表定行程中，去程比較趕，並沒有排定在用餐時間停駕休息；回程時行程較為緩慢，用餐時間大致有排定停駕休息的時間。

因為白沙屯媽祖行蹤不固定，不知道要在哪裡停駕用餐，解決的方式就是有很多供膳車跟隨在隊伍附近。一旦媽祖確定停駕，待命的供膳車就開過去停駕地點供食，香燈腳就在路邊吃起來，休息時間過後再繼續上路。

因為是提早準備好的，而且供膳車載送量有限，所以提供的大鍋菜菜色就無法和大甲媽祖沿途的宮廟相比，而且最近幾年有逐漸改用便當的趨勢。

白沙屯媽祖行縱不固定，不只是提供正餐餐食的人要傷腦筋，連送點心飲料的人也必須開著車一路跟隨隊伍。等媽祖走到一段較長而筆直沒有叉路的地方（因為沒有叉路的話，媽祖就會一直往前進而不會轉彎），就趕快繞到媽祖前方的路上，把東西從車上卸下來發送給大家。

累了?停一下
吃一塊西瓜再走
斗六虎尾義工隊

手沖咖啡
喝杯再趕路

CEO說《媽祖》
香蕉~沒發完
不能下班

在進香期間，有些人是開著大卡車甚至貨櫃車全程跟隨的，因為要發送的東西很多，並不會一次一天發完，而是按進香天數比例拿出來發送，所以白沙屯的進香隊伍附近，經常會看到有載滿整車準備要發送物品的大卡車或大貨櫃車全程跟隨。

雖然說白沙屯進香沿途的正餐飲食可能不如大甲進香沿途的豐盛，但是白沙屯媽祖到北港朝天宮進廟這一天，北港人所提供的餐食，其豐富熱鬧的程度會讓第一次參加的人驚嘆無比。在大甲和白沙屯進香全程所有提供餐食的場面，就屬白沙屯媽祖到北港進廟的這一天最為澎湃。

從北港鎮北辰派出所一直到朝天宮這兩公里的馬路旁邊會搭滿數百個帳篷，整個朝天宮周遭也擺滿各式各樣的美食攤。這都是要免費提供給當天擁進北港的數十萬名香燈腳及一般民眾享用的。北港的街道上滿滿都是免費提供吃食的攤位，如果真的要形容，可以說整個北港鎮都在請客。

而無論是大甲或者白沙屯，每天都要提供吃食給數以萬計的進香客及沿途民眾，這確實是很大的工程。一般而言，宮廟所提供的是正餐，沿途路邊則還不斷有民眾提供的點心、水果及飲品。粽子、包子、麵包、玉米就不用說，有包裝的點心如鳳梨酥、沙琪瑪、糖果、銅鑼燒都是基本款，還有現煮現做的紅豆餅、烤香腸、肉圓、貢丸湯、魚丸湯、炸花枝丸，應有盡有。

提供飲料的攤位是最多的。長途步行需要補充大量水分，瓶裝水的消耗可想而知，但不必擔心，沿途飲用水的供應多到難以想像。放有冰塊的大水槽中還有取之不盡的冰涼可樂、汽水、運動飲料、蠻牛，甚至現煮咖啡、現泡茶飲、現搾甘蔗汁、現剖椰子水也經常出現。

如果要水果，沿途到處有洗好切好的的香蕉、西瓜、鳳梨、蓮霧、芭樂，等待大家取用。尤其是經過全國最大的西螺果菜市場周邊時，水果商們都會拿出最好吃的當令水果讓大家免費吃到飽。

如果問他們說是不是挑最好吃的水果請大家，得到的答案一定是：媽祖婆請客，當然要用最好的。

提供點心飲料水果是全家大小出動的。雖然是送東西，但並不是那麼好送出去，因為送東西的人太多了，所以要拚命推銷。最常看到的標語是：「老闆有指示，東西沒送完不准下班」、「阿嬤有交代，東西沒送完不准回家」。

參加過進香的人都有這種經驗，走著走著，就會有人忽然塞東西過來給你，但實在是已經吃飽喝飽了，不得不拒絕。要如何婉拒人家塞過來的東西也是一門學問。

送的東西不只是吃的，很多是用的東西，如口罩、毛巾、綠油精、痠痛貼布、喉糖、襪子、T恤、帽子、吊飾、貼紙等等，都有人在送。很多還是親手製作的，誠意令人感動。通常，這些送的東西都統稱為「結緣品」。

最近幾年來，參與進香的民眾越來越多，相對地，在路邊送東西的人也越來越多，甚至可以看到很多來自東南亞的新住民，他們即使信奉的是與臺灣傳統民間信仰完全不同的伊斯蘭教，看到這麼熱鬧歡樂的進香場面，也興高采烈地加入贈送東西的行列。

發送物品經常是全家出動一起來享受為媽祖服務的榮耀與樂趣。

萬人進香路

在所有提供吃食的地點中，最令我感動的是西螺的弓孝宮。

弓孝宮是一座小小村廟，全村只有十幾戶人家，全部都姓廖（廖是西螺的大姓）。這裡平常除了不少慕名而來的信眾之外沒有什麼人會路過，大甲媽祖經過及廟慶算是年度盛事，只有這時候才會有較多的人潮。

每年大甲媽祖回程經過這裡時，熱情的村民會全體動員並邀集鄰村以及已經遷離外地的舊村民回來幫忙。雖然比不上大廟，但以這個小村落的人力物力，他們所準備的豐富餐食令人驚訝與感動。

弓孝宮主祀伏魔大帝鍾馗爺，聽說很靈驗，每年農曆八月三日廟慶時，請戲班回來還願的信眾很多。我曾經去參加弓孝宮廟慶，居然有一百多個戲班來還願，滿滿散布在附近狹窄的鄉間小路上及稻田中。

西螺大橋前發送麵包的攤位。

來弓孝宮還願的戲班散布在附近的鄉道及稻田中。

第七章

民生需求怎麼辦

進香沿途吃吃喝喝都有人提供，但有進就有出，吃了那麼多，要拉的時候怎麼辦，廁所夠嗎？

通常宮廟、加油站、超商、便利商店、車站、政府機關都會有公廁，但人那麼多絕對不夠用，怎麼辦呢？解決問題的方式還是靠臺灣特有的人情味及互助心。

沿途經過的工廠都會提供平常不對外開放的廁所，有很多靠近馬路的商家店舖民宅也會主動貼出告示願意出借廁所。而且，即使沒有告示也沒關係，在進香期間出借廁所給大家使用是約定成俗的，有參加過媽祖進香的人都知道，隨便找一間民家開口借，只要他家裡有廁所（會有人家裡沒有廁所嗎？），大部分都會出借。以我本身的經驗，尤其是在員林以南的農業地區，幾乎沒有借廁所失敗的經驗。

進香途中經常有民家商家主動貼出告示願意出借廁所。

載在大型板車上面跟著隊伍前進的活動廁所。

大甲的隨香客前前後後散布在數十公里的路上，對廁所的需求也比較分散；白沙屯的香燈腳都集中在神轎附近及後方，人員集中，對廁所的需求就更為迫切，所以就看到有人提供了真正的「活動廁所」。

平常所謂的活動廁所其實是固定放在某個地點，只是沒有永久固定而隨時可以搬走。但白沙屯的活動廁所很特別，是載在大型板車上面跟著隊伍前進，是真正有在活動的活動廁所。這些大型板車每隔一段距離就會找較空曠的路邊停下來，想上廁所的香燈腳就走上去架設在板車上的活動廁所如廁。

這種活動廁所除了機動性較高之外，還因為高高在板車上，視野很遼闊，上完廁所後不只會有如釋重負的感覺，環顧四周景象，也會倍感心曠神怡。

盥洗沐浴也是個大問題。走了一整天，總是要梳洗乾淨才比較容易入睡，而且那麼多天，總不能天天不洗澡吧。雖然說沿途宮廟的香客大樓都會開放淋浴間給大家使用，但幾萬個人要洗，還是會不夠用。

這時候，還是臺灣民間互助的人情味發揮作用。沿途有些民家會在進香時間大方提供家中的衛浴間給進香客使用，他們都是抱著幫媽祖照顧進香客的心情。雖然提供衛浴給大家使用會為自家帶來短暫的不方便，卻給了進香客們大大的方便。

更特別的是在其他場合所看不到的「沐浴車」。經過多年的經驗與改良，現在的沐浴車功能已經很齊全，而且有大大小小多種款式，大型沐浴車有多間淋浴間，小型沐浴車只有一間淋浴間。沐浴車會一路跟隨進香隊伍前進，在媽祖駐駕地點附近接上熱心民眾提供的自來水管後，車上的桶裝瓦斯熱水器就開始運作，提供進香客們洗一頓熱水澡，去除疲勞好好睡一覺，明天再出發。

如果是裡頭有多個淋浴間的大型沐浴車，在入口處會有很多吊牌，拿個吊牌掛在淋浴間門口，慢來的人就知道這一間有人使用，如此便井然有序不致有誤闖的情形發生。

等沐浴車的人通常很多，幾乎都要排很久的隊，但對於好交朋友的人，排隊等沐浴的時間反而是很好的社交時間。進香過程中幾乎都在走路，和不認識的人少有長時間接觸的機會，但在等沐浴的時間大家都在休息，反而有時間認識新朋友。只見排隊時大家都會互相交換進香過程的甘苦，聊得不亦樂乎，萍水偶遇之緣，經常也會為進香的過程帶來趣味。

浴沐車會跟隨隊伍到每個駐駕地點讓進香客睡覺前可以好好洗個澡。

等待沐浴車的時間剛好可以從事社交聊聊進香的甘苦。

當然，也會有很多人不願排隊，為了省時間就簡單在宮廟的洗手檯盛水擦洗身體，也將就地過了一晚。

出門在外，難免有臨時的受傷病痛，尤其是徒步行走數百公里，最常見的就是起水泡。在進香沿途，會有無數的醫療站提供處理水泡的立即處置，讓進香客包紮之後馬上可以繼續上路。

另外，為了怕進香客走到一半有突發事故時，能在救護車還沒到來前提供急救措施，很多的醫療人員志願組成醫護團隊跟在隊伍中，他們不是坐車到定點的醫療站服務，而是背著簡單的急救包，全程跟著大家徒步前行。

除了鎮瀾宮及拱天宮廟方有招募志工組成醫療團之外，近年來有越來越多的自組醫療團隊如芳馨、鳳凰、員榮、阿婆憨工等，也都投入大量人員隨行當醫療志工，都是很令人感佩的醫療團。

即使沒有起水泡，走路久了腿也會痠痛，沿途有無數的按摩站提供噴霧式撒隆巴斯及各式痠痛貼布，甚至幫進香客做腿部、背部以至全身的按摩，消除了疲勞，提供了溫馨，讓進香客們可以懷著感恩的心繼續上路向前行。

當然，提供醫療和按摩的熱心民眾都是免費服務的。

大甲隊伍中徒步跟隨的醫療團志工。

白沙屯隊伍中徒步跟隨的醫療團志工。

各個醫療志工團處理最多的就是水泡問題。

醫療志工車會機動遊走到處提供服務。

第八章

莊嚴氣派的前導陣頭

其實，如果硬要歸類的話，媽祖信仰不能算是道教或佛教，而是屬於傳統民間信仰。

臺灣傳統民間信仰是融合佛教、道教、自然崇拜、歷史緬懷、鄉土傳聞、神話傳說等多重元素綜合而成的多神多元信仰。和佛教、道教等制度化宗教不同，傳統民間信仰沒有統一的制度，沒有經書，沒有教義，沒有共通的組織與規章，沒有共同的服飾與儀式，甚至崇拜的神明也會增加或轉換。即使是供奉相同神明的不同宮廟，也可能會有不同的禮儀服飾規章。

就佛教而言，所有僧侶頌讀的佛經都相同，僧侶們也不會因為身處不同寺院就穿著不同服飾；而道教的道士雖有不同派別，也有俗稱紅頭師公、黑頭師公的分別，但同一派別的服飾裝扮及所行科儀則大致相同。

臺灣傳統民間信仰在慶典活動時雖然也會採用佛教及道教科儀，但每個宮廟都還是有各自不同的服飾及禮儀規章。就以這本書所提到的幾個媽祖廟作為例子：在執事人員的服裝上，北港朝天宮是紅色配深藍色寬邊，大甲鎮瀾宮是土黃色配黑色寬邊，白沙屯拱天宮是鵝黃色配黑色細邊。再以神轎進廟時所行的禮儀而言，大甲神轎採用前三步左三步右五步再回中間的「踏大小禮」，白沙屯神轎則採用「三進三退」禮。

因為各間宮廟的禮儀規章都不盡相同，神明出巡時的陣仗也是各有千秋。大甲鎮瀾宮遶境進香時前導的各個陣頭，是經過數十年的演變及增補，才有今天所呈現的風貌。也因為多次的不斷增補變化，大甲鎮瀾宮的前導陣頭幾乎涵蓋了所有形式的神轎前導陣頭，可以說是國內最完整最壯觀的媽祖前導陣頭。不只成為各個宮廟模仿學習的典範，一般民眾在觀看大甲媽祖遶境進香的隊伍時，也一定會被這些莊嚴氣派的陣頭所吸引。

依照鎮瀾宮廟方的官方資料，從最前頭開始，依序是報馬仔、頭旗頭燈、三仙旗、開鑼鼓、頭香、二香、三香、贊香、繡旗隊、五大神將團、哨角隊、三十六執士隊、轎前吹、娘傘等等。這諸多前導陣頭，浩浩蕩蕩、莊嚴神聖，充分表現出媽祖的威儀形象。

不過五大神將團只在定點才會表演，並不會跟著隊伍行走，而大部分的陣頭人數並不多，在行進的隊伍中不是很明顯，比較會吸引一般民眾目光的通常是繡旗隊、哨角隊、三十六執士隊這幾個人數比較多、排場比較大的陣頭。

繡旗隊

雖然報馬仔是所有陣頭中位列最前導的，但因為只有一個人，在行列中很不容易被發現，即使加上走在一起的頭旗、頭燈及三仙旗，也因為人數很少，不會太引人注意。大甲媽祖前導陣頭中第一個會吸引民眾目光的陣頭就是繡旗隊。

繡旗隊是由女性信徒所組成（但繡旗隊伍前方的彩牌及龍鳳旗則是由男性擔任），隊員們身穿所有陣頭人員統一形式的土黃色號褂，頭戴貼有符令的斗笠，背著背包，手持大面三角型繡旗，分成兩列前進。因為是人數眾多的大型陣頭，一定會引人注意，很多人看到繡旗隊時，都感覺媽祖神轎好像就快要到了。但其實繡旗隊和神轎的距離很遠，如果神轎因為鑽轎底的人數太多或其他因素而導致行程緩慢時，看到繡旗隊之後可能還要一兩個小時以上，神轎才會到來。

繡旗隊的人數並不固定，最盛時期曾經達到三百人以上。參加者都是懷抱著服侍媽祖的心意、為了達成某種心願，或者還願而來。雖然說每年都要重新報名，所以參與的人不盡相同，但大部分的人都會持續參加，有些人已經連續參加幾十年。

沿途所遇到的每一間宮廟，繡旗隊都要行禮拜廟。拜廟的時候必須脫帽，每次兩個人循序向前，行禮時站左側者左腳在前，站右側者右腳在前，把繡旗往前下舉並彎腰為禮。繡旗隊的行禮方式和下面提到的執士隊行禮的方式大致相同。

繡旗隊頭戴的斗笠上貼有令符。

拜廟時左側的人左腳在前，右側的人右腳在前。

除了前方舉彩牌龍鳳旗是男性之外，繡旗隊都是女性成員。

哨角隊

在大甲媽祖起駕當天，哨角隊的隊員會在媽祖起駕時環列在鎮瀾宮的三川殿正門口，高舉哨角吹出響亮震撼的號聲宣告九天八夜的遶境進香正式開始。媽祖神轎在號角聲的伴隨下開始出發，更顯聲勢奪人氣派莊嚴。因為有畫面又有聲音，哨角隊無疑是媽祖起駕當天最醒目的陣頭，很多媽祖起駕的相片也都是以哨角隊吹號作為主景，也因為哨角聲音宏亮懾人，更成為起駕影片中不可或缺的角色。在進香沿途遇到宮廟時，哨角隊會舉哨吹號行禮。因為哨角隊有開路及驅邪的功能，遇到橋樑也會吹號警示；遇到喪家、墳墓時，也會吹號呼叫神界兵馬前來幫忙護駕。

哨角隊的號有兩種。一種是在隊伍前方的兩支號頭，有類似薩克斯風的彎形喇叭口，吹奏時喇叭在胸腹間高度；另一種則是平直型，吹奏時先平舉然後略往上抬。吹哨號時必須丹田使力，還要練習，並非隨隨便便可以參加。

哨角隊的人員數量也不是固定的，每年都必須重新報名，但因為必須吹得動哨角且必須自備哨角，所以人員變動幅度不大。雖然在很多廟宇的陣頭中都會出現哨角隊，但像大甲鎮瀾宮規模如此龐大，人數達到百人以上，還可以分成兩組輪班的，實不多見。

哨角隊前方是兩支類似薩克斯風型形狀的號頭。

吹奏哨角時先平舉高過頭吹高音再向下吹尾音。

三十六執士隊

執士隊由四十八個隊員組成，最前方的十二人分持「肅靜」、「迴避」、「天上聖母」、「遶境進香」、「風調雨順」、「國泰民安」等一共六對十二面長型開路彩牌，隨後的三十六人則分持三十六種護駕兵器。彩牌是開路功能，兵器是護駕功能。因為要護駕，所以執士隊就近走在神轎正前方以隨時保護神轎，如果進香隊伍經過喪家時，執拿兵器的執士隊員會分列神轎兩側阻擋陰氣靠近神轎。

執士隊一樣也是每年都重新報名，和繡旗隊剛好相反。執士隊隊員傳統上都是由男性擔任，現在會看到女性隊員是因為早先執士隊和繡旗隊是同一團，後來兩隊分家，但有少數女性還是留在執士隊中，沒有去繡旗隊。

執士隊的三十六個兵器各有次序，不只前後不能互換，左右也不能相反。排在右列的第十個兵器是「文筆手」，也有人稱作文昌筆，因為被認為是對考試及功名有加持作用的兵器，在進香沿途經常可以看到民眾拿筆及其他文具用品來請求加持，所以執拿文筆手的隊員是所有執士隊裡面最忙碌的人。尤其當隊伍暫時停止前進的時候，其他隊員都可以稍微歇息，但執拿文筆手的隊員這時候反而要忙著應付前來請求加持的民眾。

白沙屯的執士隊是由女性組成。

大甲的執士隊是由男性組成。

執士隊所執拿的開路彩牌以及三十六種兵器平常擺在廟裡，要遶境進香時才交給執士隊。繡旗隊的繡旗平常集中保管，到了要開始遶境進香時才會發給今年參加的隊員（每一隻繡旗上都有編號），隊員拿到後就一直使用到遶境結束再交還。至於哨角隊的哨角因為要對著嘴巴吹，為了衛生考量，是由隊員自備哨角。

因為大甲媽祖的行程白天晚上都在趕路，所以陣頭要分組輪班執勤，這樣人員才有時間休息。兩組人員會在預定的地點換班，換班的時候，繡旗隊及哨角隊不必交接手上的繡旗或哨角，但執士隊的彩牌及兵器就只有一套，所以換班的時候也要交接彩牌及兵器。

這三個陣頭都開放給民眾自由參加，已經參加過的人每年還是要重新報名，第一次報名的人必須先到鎮瀾宮擲筊，得到媽祖的聖杯允准才能報名。哨角隊必須要會吹哨角而且要自備哨角，參加門欄較高，所以一般民眾如果想要加入服務媽祖行列，女性會選擇繡旗隊，男性就選擇執士隊。

雖然說有分組換班，但跟隨九天八夜還是不簡單的事，除了體力之外還要有相當的決心與毅力。哨角隊因為有參加門檻，如果報名參加就大概都會依照報名的日程走完（三個陣頭都允許在報名時就先說明只走部分日期不走全程），可是繡旗隊及執士隊因為第一次報名參加的人比較多，還是會有人錯估自己的身心狀況，興匆匆報名參加，結果走到一半走不下去就離開了。

哨角隊和繡旗隊人數沒有定額，人走掉之後就少了人而已；執士隊的兵器編制是固定的，必須要有足夠的人，每次遇到有初來者中途離隊，或者在非假日無法參加的隊員人數比較多的情形，負責調度人手的班長是最傷腦筋的。

白沙屯媽祖沒有什麼排場，進香期間幾乎沒有陣頭隨行，只有在前方有頭旗組，當然也就沒有繡旗隊及哨角隊，但還是有執士隊。不過和大甲媽祖由男生組成不一樣，白沙屯媽祖的執士隊全部由女性組成，而且白沙屯的執士隊並沒有拿著彩牌兵器徒步隨行，進香期間彩牌兵器都放在車上載著行進，只有在北港朝天宮進廟時以及回鑾到白沙屯時，執士隊才會出現擔任神轎前導以顯媽祖威儀。

大甲的轎班、所有陣頭以及全部服務人員全穿著土黃色號褂。白沙屯的轎班及頭旗人員號褂是鵝黃色，三十六執士隊則是粉紅色。

萬人進香路

二〇一八年，我看到哨角隊裡面有一位小女孩也穿著哨角隊的制服，拿著短短哨角，煞有其事地走在隊伍中間。當大家舉起哨角吹號時，她也有模有樣地吹了起來，後來才知道她的名字叫陳韋蒨。

父母都是哨角隊的隊員，父親的舅舅還是鎮瀾宮哨角隊的創立者。陳韋蒨從小耳濡目染，竟然也無師自通學會吹哨角，從幼稚園小班時就請求要當哨角隊員。她父親特別請人製作了特殊型號的小型號角，她母親特別為她製作特殊型號的小型號褂，陳韋蒨就跟著大家走了起來。從幼稚園一直到小學六年級，每年她都有參加。

二〇二四年，她已經小六了，隔年升上國中之後課業壓力增大，恐怕沒有時間再參加哨角隊。把握機會，我趕快拉她一起跟她的父親陳志誠及母親連碧瀅一起合照，留下珍貴的紀念。

哨角傳響
哨角隊

繡旗隊的成員年齡差距很大。

多年前我在拍攝繡旗隊的照片時，無意間看到一位略顯青澀的年輕漂亮女團員。後來知道她叫黃瓊瑩，也得知我第一次拍攝到她的時候，是她第一次參加繡旗隊。之後每年在繡旗隊都可以看到她的身影，也看到她已經和其他團員打成一片，完全融入在團體當中悠然自得。在進香的繡旗隊行列中，她是像鄰家女孩般的樸素團員，但如果看她的模特兒沙龍照，卻是豔麗奪人。

文筆手這個兵器也許還真的有神力，不只給民眾加持，也會幫忙加持拿文筆手的隊員。

許嘉昇現在是嘉義長庚醫院的放射師，他告訴我退伍後為了還願就加入執士隊服務，因為考了多次放射師皆落榜積蓄耗盡，想說最後再考一次，如果再考不上就放棄。考試前夕，他隨媽祖神轎出陣，執士隊班長知道他要考試，就指定他持拿文筆手。這是他第一次拿文筆手，沿途他心裡就有一股踏實的感覺，覺得考試有希望，回來後果然就順利考上放射師。

徐茂盛是教國三學生的老師，參加執士隊已經十幾年，最近四年都負責持拿文筆手。得此方便，他的學生都可以拿到加持過的筆。也許是學生有媽祖的加持而信心倍增，他感覺這幾年學生的考試成績都比以前理想很多。他還告訴我最令他感動的是，每年都會有很多曾經拿文具來加持而考試順利成功的人，會以還願的心情拿一堆筆來請他加持後分送給需要的民眾。

第九章

在那起駕的夜晚

無論是大甲還是白沙屯，媽祖起駕的夜晚總是熱鬧非凡。

大甲媽祖的名氣比較大，許多年來遶境進香的起駕之夜都是媒體關注的焦點。政治人物對人群的嗅覺最為靈敏，哪裡有人潮就往哪裡去，所以多年來大甲媽祖起駕當日總是冠蓋雲集，總統、五院院長級的人物蒞臨參拜已經行之有年，為了應付眾多到場的各路政要，廟方還要煩惱及細心安排分別參與祈安、上轎、扶轎等儀式，既不能怠慢也不能得罪，更要考慮黨派平衡與地位相符，煞費周章。

從起駕當天下午開始，大甲附近的宮廟及臺灣南北兩路的友廟陣頭神輿即陸續進入鎮瀾宮朝拜，大甲的大小馬路上也到處是信徒僱請來繞行大甲街頭的花車、鋼管舞及大小陣頭。

到了起駕前的一、兩個小時，陪同媽祖隨行護駕的各個陣頭也依序進廟參拜，之後出發擔任前導。

在接近子時（晚上十一點），鎮瀾宮的廟埕上會擺放三門紅色的大型起馬炮，此時廟方會一直廣播叫在場的群眾和起馬炮保持距離並摀住耳朵。因為起馬炮燃放時所發出的巨大聲響與震波，沒有經歷過的人，確實會嚇一大跳。

子時一到就會點燃起馬炮，震天的炮聲響徹夜空，哨角隊的起駕號角響起，媽祖鑾轎就在這種神聖隆重的氣氛中步下鎮瀾宮臺階，在群眾簇擁圍繞的廟埕中緩步前進，出廟埕後就沿著大甲順天路往新港方向前進，展開九天八夜的遶境進香之行。

大甲媽祖出發走出大甲市區後會沿著臺一線省道向南行，數萬名特地前來參加起駕典禮的民眾會環繞著神轎慢慢跟隨向前，從鎮瀾宮直到大甲溪橋這數公里的路段，人聲雜沓水洩不通。

神轎在經過大甲溪橋時，溪畔會燃放數十分鐘壯麗的煙火秀來歡送媽祖，燦爛的煙火閃耀整個夜空，預祝進香活動順利成功。那些只參加起駕典禮而不參與全程遶境進香的民眾，為媽祖送行到大甲溪橋就回家。至於全程參與遶境進香的隨香客則早早就已經出發了。

起駕前會燃放三門震耳欲聾的起馬炮。

恭送媽祖起駕的隨香客簇擁在大甲的街上。

以前煙火是在瓦瑤溪的水尾橋上施放，因為大甲人的觀念出了水尾橋就代表出了大甲鎮。媽祖神轎出鎮瀾宮之後沿著順天路到水尾橋為止，道路兩旁都是跪拜送行的人，大家就送到水尾橋為止。現在因為煙火規模擴大，就改到大甲溪橋施放，而且現在參加的人多，順天路上人擠人，連站的地方都沒有，當然也少了跪拜的空間。

諸多的陣頭會在起駕之夜前來朝賀及表演。

媽祖神轎在繽紛飄落的彩紙中從鎮瀾宮起駕。

頭香、貳香、參香、贊香的彩燈讓鎮瀾宮燈火輝煌。

大甲溪畔會施放數十分鐘的煙火恭送媽祖。

白沙屯媽祖的進香活動早年名氣不大，基本上只是村落及祭祀圈內的活動，根本沒有什麼外地人參加，更談不上什麼政要參與。也因此，白沙屯媽祖的起駕儀式較為簡單。

但近年來，因為參加白沙屯進香活動的人數呈跳躍式成長，人氣日益增旺，所以白沙屯媽祖起駕時也開始有正副總統及五院院長級的政要參加。不過因為沒有隨行陣頭，前來參拜送行的宮廟也少，所以還是沒有太多的繁文褥節。

比較特殊的是在白沙屯媽祖進香的神轎中有兩尊媽祖，除了拱天宮的白沙屯媽祖，另一尊是山邊媽祖。

在行政區劃上，山邊村屬後龍鎮，白沙屯屬通霄鎮，但兩地在地理上相通，都在海線鐵路旁邊，相距不到兩公里。山邊村非常偏僻，人口很少，早期村民很想去北港進香，但湊不到足夠的人數及經費，於是商請白沙屯媽祖帶著山邊媽祖一起進香，這個傳統一直延續下來。

因為要一起進香，所以白沙屯媽祖登轎後並不會馬上出發，而是要等待從山邊村前來會合的山邊媽祖到達拱天宮登轎之後，再一起出發。山邊媽祖的神轎進入白沙屯村落之後並不會直接前往拱天宮，而會在村落各處繞行賜福給村民，這一段行轎過程也帶來當天出發前的另一個高潮。

白沙屯是只有數千居民的小村落，商家並不多，媽祖起駕當天蜂擁而入數以萬計的香燈腳，出發時間又是在深夜，實在不容易找到吃食。為了體恤這些香燈腳，起駕當天在白沙屯各角落及臺一線省道上，有無數免費提供餐飲點心的攤位滿足香燈腳基本民生問題，儼然是超級巨型的夜市。

香燈腳在拱天宮前等待媽祖起駕。

平常夜間，臺一線省道的通霄路段根本人車罕見，但白沙屯媽祖起駕當天，除了隨行的數萬名徒步香燈腳之外，還有數以百計的遊覽車以及數千輛汽車隨行。這些人車將白沙屯附近的臺一線省道塞得滿滿的，前後長達數公里。

平常夜間清冷少車的臺一省道上擁入綿延數公里的人潮。

香燈腳把白沙屯狹窄的街道擠得水洩不通。

萬人進香路

隨著通訊技術的發達，無論是大甲或白沙屯，在進香期間都有GPS讓信眾知道媽祖神轎現在的位置，進香的活動也隨時有網路直播，讓大家可以看到進香隊伍的現況。

白沙屯有點特殊，除了拱天宮廟方之外，還有民間自發籌設的GPS及網路直播，所以大家可以看到神轎旁邊有兩個背著GPS發射器的人，也可以看到有兩組人馬拿著攝影機同時在現場直播。廟方和民間同時提供不同的訊號給大家使用，兩組人馬處於合作又競爭的關係，很是微妙。

大家所熟知的白沙屯媽祖網路電視臺其實是獨立於拱天宮的。臺長駱調彬早年服務於媒體，有感於白沙屯以媽祖信仰為中心的在地傳統文化需要傳揚，遂自發籌組義務性質的公益性電視臺，平常不斷推出介紹及宣揚白沙屯媽祖文化的網路節目。每年進香期間，他的太太古台清更是跑遍各電視臺及電臺等傳播媒介，宣傳白沙屯媽祖的進香活動。

大甲鎮瀾宮的眾多陣頭大多分兩組輪流執勤，但因為媽祖的行程日夜都在趕路，沒有服勤時就必須想辦法找地方休息，以保持體力。而每個陣頭雖然都有大卡車隨行讓沒有服勤的人可以在車上睡覺補眠，但卡車上睡的位置交錯擁擠，非常克難。這些發願服務的人卻還是能夠甘之如飴，實在令人敬佩。

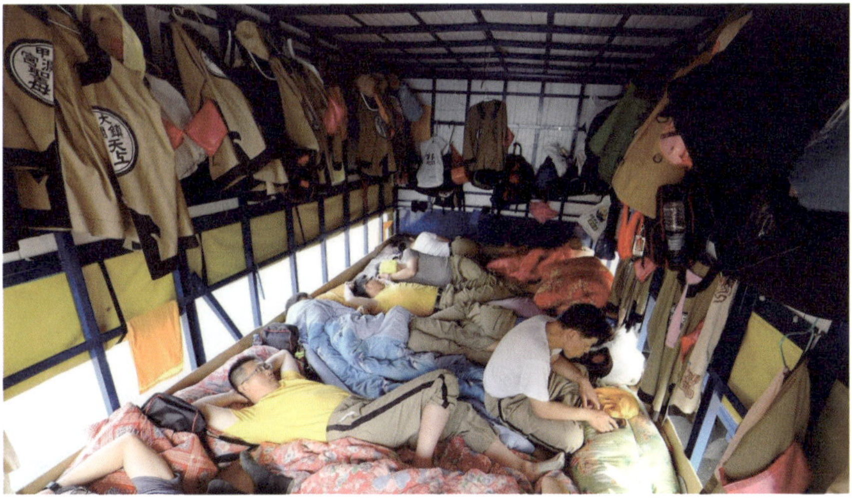

第十章

不定向的粉紅超跑

白沙屯的媽祖鑾轎有一個可愛的外號：「粉紅超跑」。

依照廟方臉書的說法，緣起是二〇一三年時媽祖準備在彰化花壇的昌一汽車廠過夜，媽祖示意一輛停在展示中心裡面的白色ＢＭＷ汽車讓位，汽車廠員工經廟方人員告知後迅速將該輛車移走，神轎馬上以倒車入庫的姿勢停在該位子，眾人對媽祖此舉無不嘖嘖稱奇。再加上媽祖神轎行進速度很快，轎頂又綁有粉紅色防水帆布（下雨時可以放下帆布避免雨水潑灑進轎內），所以大家後來就暱稱白沙屯的神轎是粉紅超跑。

白沙屯媽祖的神轎是四人小轎，藤身竹擔，重量很輕，平常前進的時候都是大步向前，比一般人的走路速度還要稍快。趕路的時候還經常會小跑步，秩序組的人會廣播請香燈腳跑起來，幾萬人就在公路上跟著神轎跑了起來，畫面頗為壯觀動人。也因為參加白沙屯進香需要有一點體力，體力不好或上了年紀的人有時候會覺得比較吃不消。

而白沙屯媽祖進香最特殊也最廣為人知的是路線不固定，事先沒有人知道到底要走哪一條路。神轎到交叉路口時，轎班人員就會停下來感應媽祖的指示，看神轎是要向前、往右還是往左，有時候擇定方向前進之後還會轉彎、回旋，或者換另一個方向。白沙屯媽祖選擇路線的過程充滿神秘感。

在轎班人員感應媽祖的指示時，數萬名圍繞在神轎旁邊的香燈腳就默默地聚集在路口等待媽祖的指示，等待的過程會帶給香燈腳盼望期待的刺激感，方向決定的那一瞬間又會讓香燈腳有願望實現的喜悅感，所以每一次路線確定之後，香燈腳總是發出一陣歡呼聲，然後蜂擁跟隨媽祖而去。至於那些過分自信超前走在媽祖前方而猜錯路線的香燈腳，就必須認錯折返才能再次跟上媽祖。

就連廟方頭旗組的人員也可能出錯。所有的神明出巡時，頭旗都是神明的前導，頭旗走在前方向民眾宣告神轎即將到來，大家看到頭旗就知道神轎已經不遠了。白沙屯也有頭旗組的人員走在神轎前方，他們每到了交叉路口，就會憑其經驗大致判斷神轎可能的路線。可是還是經常有猜錯的時候，而依照規矩頭旗只能向前不能後退，頭旗組猜錯方向的時候人員不能折返，只能繼續往前走再想辦法繞路到神轎的前方。所以有時候應該出現在神轎前方的頭旗組人員，反而會從隊伍中消失一段時間後才又出現。

轎班人員是如何感應媽祖的指示？這是大家最好奇的。

所有接受過訪問的轎班人員都曾說過他們在行轎時會感應到一股神奇推力，而且四個轎班人員的感應不會相互衝突，更不會發生一個要往東一個要往西的情形。所以白沙屯的轎班人員不是隨便任何人都可以擔任的，必須要能接收到媽祖指示的人，而且擲筊獲得聖杯允准，再經過長時間的學習才能夠接任轎班的職務。而且不只是四名抬轎的轎班人員要留意感應，神轎旁邊的女性鑼手也必須感應神轎的律動來配合敲鑼。神轎的行進方向是由四名轎班人員和鑼手同心協力來接受媽祖的指引。

有擔任轎班的資深組員曾經提到，神轎裡面的兩位媽祖都可能會下達指示，白沙屯媽祖和山邊媽祖的個性不大一樣，依他個人的經驗，如果感應到白沙屯媽祖的指示會聞到老沉香的氣味，如果是山邊媽祖的指示則會聞到一股清新的花香。

白沙屯媽祖不只會在交叉路口選擇路線，而且要在何處停駕暫時休息或者要在何處駐駕過夜，也都是由轎班人員感應媽祖的指示來得知。

最近數年來，除了沿途大小宮廟之外，彰化臺一線省道上的諸多汽車修理廠、沿途的醫療院所、中小學校及幼兒園，都是白沙屯媽祖最常停駕的地點。也因為期待媽祖能夠停駕，沿途的大小宮廟、民家、商家、醫院、機關學校、公司行號，無不派出大量人員呼喊「媽祖媽祖我愛您」，希望媽祖能夠聽到他們的呼喚，繞進去帶給他們保佑。

駐駕過夜通常不會在夜間不方便長時間停留的醫院、行政機關、學校，而會在宮廟、民家、商家。奇特的是修車廠反而是媽祖很喜歡的駐駕過夜場所。

二〇二四年，白沙屯媽祖走了一條從來沒有走過的路線，第一次跨越彰雲大橋進入雲林縣林內鄉。鄉長劉姿言一大早就跨橋到彰化縣二水鄉沿路跪求，神轎踏上彰雲大橋的那一刻，鄉長及一同前來迎接的鄉民感動到淚灑橋頭，都說是兩百年來第一次。

隔天白沙屯媽祖第一次進入雲林縣政府大廳時，縣長張麗善更是率全體局處首長跪拜祝禱，她本人則是激動得痛哭流涕。

有很多學校的學生們會用看板或口號表達希望媽祖蒞校祝福的期盼。

經過稻田時香燈腳都小心翼翼地在田埂上行走。

而最令人興奮與驚奇的是神轎在進入南投市區時，國軍大埔營區砲測中心的官兵在軍營門口高聲大喊「媽祖媽祖我愛祢」、「美麗家園由我守護」，媽祖似乎聽到了這聲聲呼喚，到了營區前方時忽然急轉彎跨越馬路中線逆向來到營區門口停駕。這是媽祖第一次停駕在國軍營區，指揮官陳俊源少將親自在門口迎接，行禮符節有度，樹立了國軍和媽祖接觸的典範。現場數萬圍觀的香燈腳目睹媽祖和國軍的初次接觸，心情無不激動高亢，高喊國軍加油聲四起，寫下了感人的一頁。

國軍是第一次和媽祖接觸，但縣市首長和各地警察機關的接駕經驗就非常豐富。大甲媽祖的行程固定且都已事先排定時程，在臺中彰化交界的大肚溪橋、彰化雲林交界的西螺大橋、雲林嘉義交界的崙子橋，各縣市首長都會在橋頭設案迎接及送行，接駕及送駕儀式已經相沿成習成為固定模式。白沙屯媽祖的動向不定，但縣市首長們也會緊盯媽祖的GPS動態，隨時變動行程因應。各縣市首長在媽祖進香期間也都不敢遠行，密切注意媽祖的動向，以免誤了迎駕和送駕的時機。

警察機關必須在進香沿途保護媽祖神轎的安全並負責維護現場秩序及交

通，各縣市警察局長、分局長，甚至派出所所長也會在轄區交界的地方行責任交接之禮。多年下來，也已經演變成一套完整的交接儀式，連向媽祖稟報的祝詞也形成範例。

白沙屯媽祖因路線不固定經常帶來意外的驚喜，有一個比較著名的事例發生在二〇〇一年，神轎要過濁水溪時不走西螺大橋，選擇從橋下方的沙洲中間潦過濁水溪。香燈腳當然也緊緊跟隨「潦落去」，香燈腳一起陪白沙屯媽祖潦溪過河的照片也成為白沙屯進香的經典照片之一。

路線的變化，每天都會帶來新的體驗與感受，這種無法預期所帶來的驚喜感也是白沙屯進香吸引人的地方。

因為跟著白沙屯，我走過而非開車或坐車經過一些幾十年來從未到過的地方，如果不是跟著媽祖走，恐怕我都沒有機會去到那些地方。

曾經，在彰化溪州濁水溪堤防旁邊的小村落，有一位老翁手舞足蹈地向經過的香燈腳一一握手致意，他激動的話都說不清楚，只能大致瞭解他一直重複說著他好高興，幾十年來都沒有看過這麼多人來到他們的村莊。

南投大埔營區砲測中心是白沙屯媽祖
第一次停駕的國軍營區。

警察首長在轄區交界的地方行責任交接之禮。

曾經，在彰化社頭的山腳路，看到一位坐在輪椅上的老婆婆雙手合十，用拜拜的方式持續對香燈腳打招呼。我趨前和她推輪椅的兒子交談，他說他媽媽一年前跌倒受傷後就沒有辦法自己出門。雖然他媽媽多次說想要去北港拜媽祖，但他有攤子要顧、有小孩要接、有家務要打理，根本沒有空閒載他媽媽去，自己也一直感到很愧疚。想不到媽祖今天自己跑來了，他心裡真的好感動。

曾經，在彰化王功海邊的公路旁，有一個賣蚵嗲的攤車，看到進香隊伍來了，馬上把塑膠製的價目表卸下來，換上用厚紙板臨時書寫的「媽祖請客，香燈腳免費」。他炸的蚵嗲真的好吃，如果拿到臺北來賣的話肯定馬上爆紅成為名攤。要不是跟著媽祖，我一輩子都吃不到這麼好吃的蚵嗲。

萬人進香路

大甲媽祖的神轎頂端裝設有五指山形狀色彩繽紛的LED燈，夜晚行走時燈影變化會讓轎頂光影奪目，更顯神威。

而五指山旁邊也有狀似小蜜蜂觸角的藍紅兩盞小燈，藍色燈亮時表示媽祖神轎在行進中，紅色燈亮時表示媽祖在停駕歇息。

神轎頂觸角似的小燈亮藍燈時表示神轎在行進。

轎頂的LED燈會一直變換燦爛耀眼的顏色。

西螺大橋是媽祖進香途中最醒目的地標。大甲媽祖去程、回程一定都會經過，白沙屯媽祖則是經常經過。進香客簇擁著媽祖神轎映照橋上的紅色鋼架，是許多攝影師及空拍機最喜歡的畫面。

西螺大橋的橋墩是日本人在一九四一年就蓋好的，因為二次大戰的關係，鋼材都拿去做軍事用途而沒有蓋橋架。到一九五二年才在美援下完成橋面及橋架。橋頭有我們和日本、美國三面國旗，代表經過三個國家的努力才完成這一座橋，很有思古悠情。

西螺大橋完工時是臺灣唯一跨越濁水溪的公路大橋，也是遠東第一大橋。四、五年級的同學應該記得小學課本上有描述西螺大橋的課文，當時通行的十元鈔票上也是西螺大橋的圖案。西螺鎮曾經是臺一線縱貫公路上南來北往一定要經過的重要城市，後來高速公路中沙大橋開通，臺一線又改走溪州大橋，西螺鎮逐漸沒落。只有每年媽祖到來時，西螺鎮才又恢復生氣。

第十一章

香燈腳請毋通軁轎跤

鑽轎底

在白沙屯隊伍的行進間，經常會聽到秩序組的人員廣播「香燈腳請毋通軁轎跤」（香燈腳請不要鑽轎底，要用臺語唸才會有押韻）。

這是因為進香沿途想要鑽轎底的人很多，以廟方的立場，是希望鑽轎底的機會儘量讓給沿途的當地民眾，如果跟在神轎旁邊的香燈腳也都下去鑽，等於沿途的民眾少了機會。而且香燈腳們沿途一路跟在媽祖旁邊那麼久，報名時名字又已經寫在進香疏文上面，會在北港燒給媽祖，所得到的媽祖保佑已經夠多，實在不需要再去鑽轎底來增加媽祖的保佑。

很多人去參加媽祖進香活動只是短暫停留看熱鬧或只是參加一天而沒有

過夜，他們的目的大多只是為了鑽轎底。而從很多媒體的影像中，也可以看到鑽轎底的意像占了很大比例。鑽轎底現在已經成為媽祖進香過程中最受歡迎的活動。

在平日還好，如果遇到假日，鑽轎底的隊伍會排很長。神轎一直往前行進，但等著鑽轎底的隊伍後方會一直有人加進來排隊，因此會形成神轎行進的路上綿延不絕有排隊鑽轎底的人潮。

大甲媽祖去程及回程的星期六會經過臺中的海線一帶，因為交通方便又是假日，從清水到追分這二十公里的路上，滿滿都是排隊鑽轎底的人潮。

大甲媽祖是八人大轎，寬度比較大，鑽轎底時神轎仍然維持正向前進；白沙屯媽祖是四人輕轎，寬度比較小，鑽轎底時神轎必須改成側向斜行前進。

事實上，現在這種在神轎行進間鑽轎底並非傳統，早期的鑽轎底是等到神轎停駕時，神轎架在長條板凳上，信眾從神轎下方以爬行方式鑽過轎底來還願或祈求保佑。但因為媽祖進香時想要鑽轎底的人實在太多，如果只在停駕時才給信眾鑽轎底，有很多人會鑽不到，所以才改成在神轎行進間鑽轎底的方式。

民眾鑽轎底時大甲的神轎還是正面向前直行。

傳統的鑽轎底方式是神轎停駕在長條椅上時民眾從下方跪爬前行通過。

民眾鑽轎底時白沙屯的神轎必須側向斜行向前。

要鑽轎的人必須脫帽以示敬意，趴跪時後背包要放在胸前以免被神轎底部勾到。孕婦不能鑽是因為怕轎底的八卦會傷到胎氣，守喪期間不適合鑽，持進香旗或戴平安符的人不能鑽，十字路口、叉路口、橋上基於安全也都不讓鑽。

因為排隊的時候人是站立的，人和人之間的前後距離大概只有不到半公尺，可是等到趴跪下來要鑽轎時，身體伸展就會占用將近一公尺的空間，再加上還要保持距離，所以本來排得好好的隊，到了大家開始趴跪時，隊伍就會急速往後退而造成秩序大亂。尤其是在假日時，推擠拉扯叫囂怒罵經常發生，這也是進香活動美中不足之處。如果想要在假日去鑽轎底，就要有心理準備。

抬神轎

大甲媽祖的神轎會開放給一般民眾幫忙抬。

神轎經過宮廟要拜廟的時候，必須按照既定的方式及步伐（踏大小禮）行禮，沒有受過訓練的一般民眾恐怕無法勝任，所以一定要由轎班人員抬轎行禮。除了這些必須行禮的時段之外，在其他的時間和路段，任何民眾不分男女老少，只要自己覺得力氣夠大，都可以幫忙抬轎。

大甲神轎禮敬時採用踏大小禮，前三步點、左三步點、右五步點，三步回中間再點。

民眾們幫忙扛抬媽祖神轎時心中滿是喜樂與歡欣。

大甲媽祖的神轎是八人抬的大轎，前後兩側共四根轎擔，每一根轎擔有前後兩個人。抬轎的人必須走在轎擔的內側，不能在轎擔的外側。所以抬左側轎擔的人是用左肩膀抬，抬右側轎擔的人則是用右肩膀抬。

要進去抬轎時，如何換手是一大學問。如果是要去接替轎擔前方的人，必須從他後方鑽過轎擔去接手，接手的人肩膀抬穩後，被接替的人就從轎擔前方鑽出去離開；如果要接替轎擔後方的人，就要從他的前方鑽進去，肩膀抬穩後被接替的人會由轎擔後方鑽出去離開。

第一次嘗試抬轎的人最好先在旁邊觀察其他人如何換手，下去換手時也要接受轎班人員的指導。不然的話，撞到頭傷到肩甚至拉傷肌肉是常有的事。而且，神轎真的非常非常重，要下去抬之前千萬要有心理準備。

神轎兩旁有兩把華麗的芭蕉扇，扇的前面繡有雙龍及大甲鎮瀾宮字樣，扇的後面繡有雙鳳及天上聖母字樣，並分別繡有日、月二字，因此這兩支扇稱作日月扇。日月扇分在神轎左右兩側，有護衛及擋煞的功用。日月扇也開放給民眾持拿，因為重量較輕，很多無力抬轎的女性都搶著拿日月扇。

在轎的前方幾公尺處還有娘傘（也有人稱涼傘，國語發音類似，但臺語發音不一樣，我聽過的都是稱娘傘），也就是古時候皇帝出巡時的「華蓋」。

娘傘既然稱為傘，顧名思義本來是要作遮陽避雨之用，但是以其圓筒華麗的造型，只顯尊榮，並無實際功能，算是儀仗傘，不是真的用來遮陽避雨的傘。娘傘在轎前位置，居於前導並代表神尊，持傘人員必須不停地以逆時針方向轉動。如果遇到其他神明前來相會，兩個神明持娘傘的人員會以七星步來回數次互相答禮致敬。

娘傘也開放給民眾持拿，但娘傘本身非常重，而且重心在上方很難控制，又要不停轉動，所以除非娘傘組的人員看你身材體格合乎標準，否則不會輕易讓你持拿。

娘傘是儀仗傘，代表媽祖的尊貴，如果進香客也撐傘，豈不是要和媽祖比拚地位與尊榮。所以在綿延數公里長的進香隊伍中，不會出現有進香客撐傘遮陽，下雨了也不會有人拿雨傘避雨。現在為了安全因素（因為人多擁擠，撐傘容易刺到其他人），更乾脆就禁止撐傘。晴天的話，中臺灣太陽很大，防曬很重要，所以各種防曬裝備全部都要出籠。下雨的話，很簡單，就穿雨衣。

大甲神轎旁邊的日月扇往往吸引女性民眾持拿。

圓筒造型的華麗娘傘是神明出巡時的儀仗傘。

白沙屯媽祖進香的路線不定，必須由轎班人員感應媽祖的指示以決定神轎的前進路線，所以除了極少數路段之外，並不會開放給香燈腳抬神轎。另外，白沙屯媽祖的神轎旁邊沒有日月扇護衛，也沒有娘傘前導。

壓轎金

神轎是神聖的，要停駕時不會直接放在地上，會放在長條板凳上。板凳上會捆綁成堆的金紙讓神轎停駕時壓在金紙上賜福，被賜福過的金紙就成了「壓轎金」。

有很多廟宇、工商團體、民家會擺設香案，向大甲媽祖祈求停駕以求得壓轎金。壓轎金可以放在神桌上保祐全家，也可以帶在身上、車上、辦公桌上保平安，考試時可以帶在身上加持，也可以放在小兒枕頭下幫忙收驚助眠，有病痛時可以燒成符水喝下。功用很強，算是媽祖加持過的萬能金紙。

通常壓轎金是由祈求的單位發送給親朋好友，但有些單位也會大方發送給一般民眾。如果有去參加進香遶境的，可以注意看看媽祖停駕後該祈求的單位有沒有在發送壓轎金。

長條椅上綁著金紙等待媽祖神轎壓在上面加持賜福。

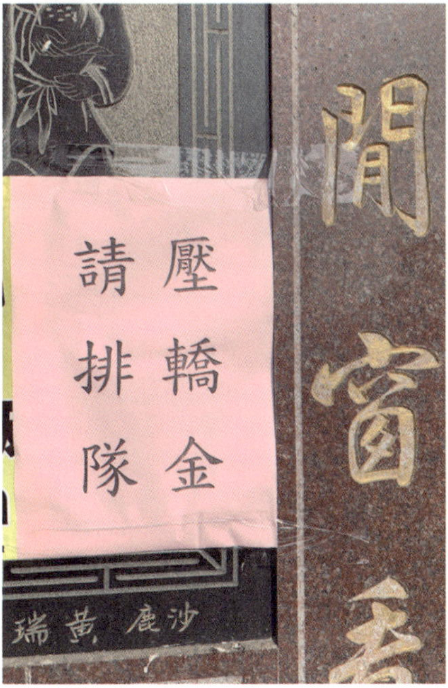

有很多單位會大方發放壓轎金給一般民眾。

第十二章

盡忠職守的開路先鋒報馬仔

報馬仔是整個進香隊伍的開路先鋒。因為裝扮特殊且討喜，傳統中卻富美感，滑稽中尚顯莊嚴，常是記者、民俗愛好者及一般民眾鏡頭捕捉的焦點人物。

傳統上，報馬仔的任務是走在進香隊伍最前頭察看狀況，並且向民眾宣告神明即將到來。報馬仔必須察看前方的路況是否安全、有無喪家或其他需要迴避的狀況，並將情況隨時回報給轎班人員。報馬仔也會沿途敲鑼告訴民眾進香隊伍即將到達，如有晾曬衣物應該立即收起以免對神明不敬，並且提醒信徒擺設香案以迎接神明。

因為是開路先鋒，所以在大甲媽祖的前導陣頭中，報馬仔是排第一位。現在因為有GPS，媽祖何時會到來已經不需要報馬仔的提醒宣告，而且本來報馬仔居於隊伍最前導的地位應該非常顯目，但現在參加進香的人數眾多，報馬仔反而湮沒在人群當中。加上進香的隊伍很長，報馬仔和神轎的距離經常都在數公里以上，而且不像其他的陣頭都是一群人，報馬仔就是一個人在走，目標非常不明顯，不容易找到。如果難得遇到了，那鐵定是要找機會合照的。

現在大家所看到的鎮瀾宮報馬仔的造型，相傳是在民國四十五年由曾任北港朝天宮委員的蔡川先生所設計。之前我們也提到過，臺灣的民間信仰，各個廟宇的服飾及禮儀都不一樣，所以各個宮廟的報馬仔服飾也不盡相同，差異性極大。大甲的報馬仔服飾最為經典，可以說是集報馬仔服飾配備之大全。

報馬仔易其山先生。

報馬仔鄭永彰先生。

報馬仔身上的打扮各有特殊的意義：

- **頭戴紅纓帽：**類似清朝尖哨兵所戴的帽子，代表職務在身，要堅守崗位，負責盡職，不可懈怠。
- **無鏡片眼鏡：**戴眼鏡表示能看透人世間是非曲直，明辨是非。沒有鏡片的閩南語發音是「無仁」，隱喻不可目中無人。
- **八字燕尾鬚：**燕子每年定期回來築巢繁殖後代，表示誠信。燕尾鬚的同音是「言非虛」，寓意言而有信。
- **旱煙桿：**口中「含煙」與閩南語「感恩」諧音，代表心中常存感恩的心。
- **煙袋：**煙是香火之意，要代代相傳。
- **反穿羊襖：**反穿衣服是穿著衣服的背面，「背」與「備」同音，「熬」與「襖」諧音，寓意「備受煎熬」。熱天穿保暖的羊襖可以知人情冷暖，並帶給他人溫暖。
- **銅鑼：**「鑼」在閩南語中與「勞」同音，「銅鑼心」喻為「同勞心」，代表勞心勞力，能夠與人共苦同患。
- **肩荷長紙傘：**「雨傘」與「語善」同音，「長傘」與「長善」同音，「紙傘」與「直善」同音，寓意人要言語和善，長期行善、做人正直並積善。

- **韭菜：**「韭」與「久」同音，代表做人及友情要「長長久久」。
- **錫壺：**「錫壺」和「惜福」同音，代表人要知足惜福。
- **錫壺裝壽酒：**「壽酒」同音「壽久」，代表長命百歲。
- **豬足：**「豬足」與「知足」發音類似，寓意知足常樂。
- **上下鈕扣錯扣：**代表不計形象，歡喜做甘願受。
- **褲管一高一低：**代表人生坎坷各有高低，不要去道人長短。
- **腳貼膏藥：**身上有傷用膏藥蓋住不外露，代表不揭人瘡疤。
- **一腳穿草鞋一腳赤腳：**赤腳代表腳踏實地，草鞋只穿一隻代表犧牲奉獻。

白沙屯媽祖前往北港進香的路線不固定，報馬仔無法預知路線，當然也就無法走在神轎前方發揮預報神轎即將到來的功能。所以白沙屯的報馬仔並不跟著神轎走到北港，只在媽祖回鑾至秋茂園換轎時才會出現，由報馬仔恭請媽祖換轎並走在回鑾隊伍前方，告知白沙屯村民們媽祖已經進香回來。

大甲鎮瀾宮的報馬仔以前一向是由北港人擔任，一九八八年不去北港改成到新港之後，一開始由外埔鄉的李富盛先生擔任報馬仔，後來由大安鄉的裝潢師傅易其山先生擔任。服務了二十多年後因為感到年歲漸大就開始逐步交給徒弟，也就是廢鐵貿易商的老闆鄭永彰先生接任。最近兩年又有新的報馬仔出現，這幾年因為處於接手交替階段，所以會看到不只一位報馬仔。

報馬仔隨身攜帶的紅絲線原本只是用來綁豬腳及其他物品之用。據說曾經有某位婦人為女兒祈求姻緣，看到報馬仔的紅絲線和月下老人的紅絲線相似，就要了一條回去給女兒綁在手腕上，結果還真的很快就獲得良緣而結婚。

民俗專家林茂賢教授聽聞這個故事後就經常在電視轉播、演講、主持大甲媽祖起駕、回鑾典禮時作為閒談的話題，後來這個故事逐漸傳開，現在報馬仔的紅絲線被認為有利姻緣，每次都要大量攜帶以應付民眾索求。

第十三章

進香活動的環保問題

進香活動有兩個很大的環保問題：鞭炮及垃圾。

放鞭炮在民俗祭典中一直扮演很重要的角色，但會帶來空氣汙染、噪音、炮屑垃圾。雖然鎮瀾宮及拱天宮廟方都有請大家儘量不要放鞭炮，政府及消防局也都一再宣導「廟會少放炮，心誠最重要」，但成效並不明顯。

這是因為鞭炮除了有迎接及慶賀的功能外，最重要的原因是一般認為媽祖會帶來保佑與福氣，而媽祖所坐的神轎帶有靈氣，在某一個地方停留越久，那個地方得到的加持就越多。放鞭炮會讓神轎稍做停歇而暫時無法前進，鞭炮放越久，神轎停留時間就越長，也會帶來更多的庇佑。

因為要力求放炮的時間長，所以炮陣都很大，擺在馬路上的炮陣會占據整條馬路，長度可達數十公尺。也經常可以看到以吊車掛起來的超巨型炮陣。

比較有創意的是把鞭炮置放在馬路上擺成各種圖樣及文字，筆劃簡單的「大甲ＭＯＭ」是最常看到的。

一旦炮陣點燃，煙霧會彌漫整條馬路，遠望有如炸彈爆發。怕鞭炮聲及煙霧的人，最好躲遠一點。其實如果要避開鞭炮陣也很簡單，走在神轎前方五百公尺以上就不大會遇到。鞭炮一定是等神轎快到的時候才會燃放，走前面一點就可以躲開鞭炮陣。如果要鑽轎底，也要觀察一下，看看附近有沒有炮陣，如果看到有炮陣就要考慮換個地方鑽。炮灰及煙霧會順著風勢傳一段距離，如果離得太近，無論是在排隊等待或者跪在地上，吸到炮煙灰肯定很不健康。

因為有鞭炮，所以不管疫情前後，都有很多人在行進間一直戴著口罩，路邊也有很多人免費發送口罩。在空曠的大馬路上走，口罩不是防堵病菌的作用，主要是用來防炮灰煙霧。當然，還有部分的防曬功用。

一般而言，因為大甲媽祖的路線固定，可以預先準備，所以沿途遇到的炮陣比較多也比較大；白沙屯媽祖行蹤不定，除了在北港鎮的路線可以預期之外，其他地區的民眾只能臨時安排，就看手邊剛好有什麼鞭炮就拿出來放一放應應景，基本上沒有什麼大炮陣。不過在回鑾到苑裡通霄間的臺一線省道時，因為沒有什麼岔路，神轎的路線可以預期，而且又已經回到苗栗境內，鄉親們當然要盛大歡迎，所以就可以看到很多超大型的炮陣迎接媽祖。

占據整條馬路的鞭炮陣是期盼點燃時媽祖神轎停留較久的時間可以帶來更多的祝福。

鞭炮燃放後所產生的巨大炮煙往往遮蔽整條馬路。

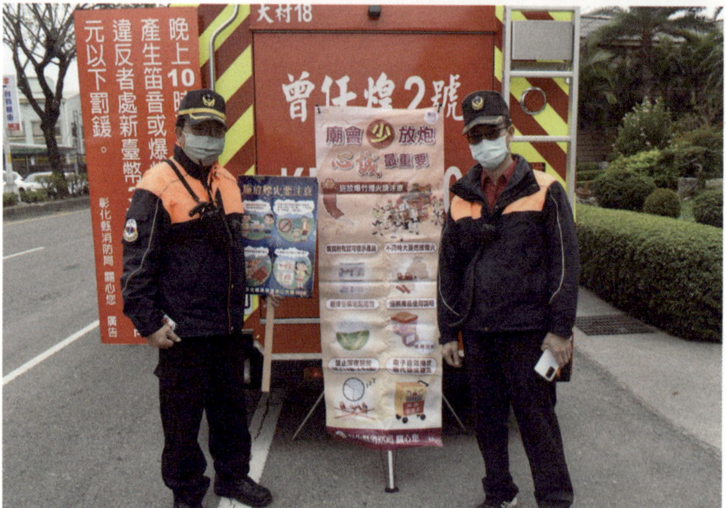

消防單位會勸導少放鞭炮。

進香另外一個嚴重的環保問題是垃圾。那麼多人在走，又有那麼多人送食物，吃吃喝喝完了以後，垃圾怎麼辦？

基本上，大多數提供和贈送吃食飲料的攤位都同時也會收集垃圾，甚至有的攤位根本不送東西，只負責收集分類的垃圾。「人在丟，媽祖在看」、「環保若做好，媽祖會呵咾（稱讚）」，隨處可見的標語已經告訴大家，媽祖法力無邊，不要以為環保人員沒有在監督就可以亂丟垃圾，媽祖都有在看。事實上，沿途有那麼多收集垃圾的地方，根本不需要亂丟垃圾。

不過即使有人收垃圾，還是會有寶特瓶、吃食的包裝、免洗餐具等等大量無法分解的垃圾，這是大型活動無法避免的問題。

媽祖進香過程中，各地環保局的清潔隊員最為辛苦，負責掃除的清潔隊員會跟隨在進香隊伍的後方，等到隊伍走過，就趕快用掃帚將地上的垃圾（主要是鞭炮屑）清除乾淨。環保局也會加派垃圾車跟在隊伍後方，將清潔人員掃除集中的垃圾，以及路邊垃圾收集點所收集到的垃圾馬上運送走。

因為各地環保局人員的高效率，當進香隊伍經過之後沒有多久，路面就大致恢復了乾淨，彷彿剛剛什麼事都沒有發生過，很是神奇。

在苑裡通霄路段由吊車所架設的巨型炮陣準備迎接白沙屯媽祖回鑾。

辛苦的清潔隊員迅速清理地面的炮屑。

很多民眾發願服務負責收集及清理垃圾。

第十四章 無限的商機

媽祖進香，除了為沿線的商家帶來龐大的營業額，也為大家提供了廣告宣傳的機會。

大甲和白沙屯這兩個地方都位於臺鐵的海線沿線上，海線火車平常幾乎沒有什麼人坐，但到了媽祖進香期，火車班班爆滿，開了很多加班車還是供不應求，平常不見人煙的車站也會忽然塞爆。乘客多了幾百倍之後，不只是人工售票一時之間手忙腳亂，連自動售票或自動驗票機也都會無法負荷而經常當機。

大甲媽祖的路線固定，臺鐵還可以參考預定行程，在隊伍會經過的附近車站事先調度加派人手因應，至於行進路線無法預知的白沙屯媽祖就比較麻煩。例如二〇二四年白沙屯媽祖第一次進入斗六市時，大家以為會走到斗六火車站附近的市中心區再駐駕過夜，但媽祖卻出乎預料地選擇在一座小土地公廟駐駕，駐駕後想要離開的數萬名香燈腳只好到最近的石榴車站搭火車。石榴車站平常沒有什麼人上下車，是一個無人服務的小火車站，媽祖忽然停駕，臺鐵應變不及，臨時調派來的人員面對數以萬計的人潮也不知所措。因為沒有辦法人工售票收票，沒有行動支付工具的人只好先無票上車再到目的站補票出站，結果造成一站之隔的斗六車站出站補票窗口大排長龍，連續好幾班車都載來大量補票人潮，幾百公尺長的補票隊伍花了好幾個小時才逐漸消化完。

類似這種忽然為小地方帶來人潮的現象在進香過程中不斷出現，而進香活動起碼有數十萬人參與。人潮就是錢潮，進香活動確實也帶來很多商機。

幾十萬人的吃喝就是很大的消費，沿途各個宮廟、機關行號及熱心民眾提供的餐食飲品，必定為相關業者帶來極大的營業額。而且不見得全部的進香客都吃免費的餐飲，總還是有不少人想自掏腰包另行覓食。如果當地有著名的美食餐廳或伴手禮，更是會吸引大家前往消費，可以看到進香沿途所經過的名店，每每都是長長的排隊人潮。

換上媽祖塗裝的火車。

平常人煙稀少的海線火車站如大肚車站，會擠滿人潮。

也有很多知名度不高但具有當地特色的糕餅、點心、農作物、紀念品，平時不見得有能力行銷到外地去，幾萬人一下子湧進來，當然帶來不少生意。

而比較令人意想不到的是進香活動其實為中小企業帶來無限的廣告商機。

本來進香期間在路邊送東西純粹只是為了服務進香客，但大家逐漸發覺這其實是很好的廣告機會。只要在路邊設個攤位免費提供餐飲、贈品或者服務，順便把公司名稱及商標擺在顯眼位置，沿途經過的數十萬人都會看到，自然就會有強大的宣傳效果。

在其他地方哪裡還能找得到有數十萬人會看到的免費廣告機會呢？

平常如果在路邊花錢租看板架設廣告，大家騎乘汽機車呼嘯而過又要注意車前路況，根本不會注意到路邊的看板內容，廣告效果其實有限。但進香時大家是用步行的，行進速度慢，即使是不起眼的小看板也會被看到，廣告宣傳效果比起租來的路邊廣告看板要好許多。一方面可以幫媽祖請客招待大家，一方面還可以大打公司及產品的知名度，何樂不為？

有了這樣的廣告機會，可以看到有越來越多買不起廣告的中小企業及公司行號，都會在進香活動中出現。

很多平常能見度不高的食品工廠及糕餅點心業者，用免費試吃的方式幫自家生產的食品促銷；很多日用品及紀念品廠商，也會用贈送結緣品的方式推銷自家產品。而即使本身不生產食品也沒有可供贈送的產品，只要擺一些吃食飲料，再把公司名稱寫得大大的放在攤位上，也可以提升公司的知名度。通常只要宣傳方式不會招來民眾的反感，確實都會達到相當程度的廣告效果。

不只商家，各個民間社團如獅子會、扶輪社、青商會、同濟會、救國團等，也都會參與設攤服務來打知名度或作為活動宣傳。甚至連縣市政府議會、鄉鎮公所代表會、農漁會等公務機關也都會來插上一腳。

不過在這種商機無限的進香期間，卻也出現奇怪的客運公司不開加班車的問題。臺鐵在進香期間，一定會在預期人潮出現的路段加開加班車並增加人手，甚至有時候也會應景將海線的火車外觀換上媽祖塗裝。

但反觀沿途的各家客運業者，卻從來不曾開加班車因應。沿途幾個沒有火車經過的大型客運轉運站如西螺、虎尾、新港、北港，進香期間每每都是大排長龍等不到車。

在進香期間把自家生產的產品拿出來贈送或試吃試喝是最好的宣傳。

尤其是白沙屯媽祖到北港進廟那一天，大概有二、三十萬以上的人擁入北港。以北港的客運量，平常會搭客運的頂多就幾十人，現在有千倍、萬倍的人擁入北港，但客運公司卻以不變應萬變，完全沒有加班車，這是很奇特的現象。

既然客運很難坐到，就給了計程車司機大撈一票的機會。大甲的路線固定，計程車當然會知道哪個地方的運輸需求量大，而白沙屯即使路線不固定，人潮會到達哪個區域也還是可以大概知道。在進香期間，隊伍所到之處附近鄉鎮的計程車司機都會聞風而來，在人潮聚集的地方攬客。因為粥少僧多，很多計程車有恃無恐，不再跳錶而改採喊價的方式，我曾經聽到等不到車的民眾抱怨計程車的喊價比正常跳錶價貴了三倍，著實趁機發了一筆進香財。

萬人進香路

在進香期間廣告的各類商品中，比較特別的是啤酒廠商。有在臺灣銷售的著名啤酒品牌如臺啤、虎牌、百威、麒麟等，幾乎都會在進香沿途及各個重要據點搭建篷架，提供免費試喝來促銷自家產品。

說起來這件事和我還有點關係。

多年前我帶了幾個好友去媽祖進香一日行，其中一位好友走完了之後覺得很有意思，就帶他的夫人來走。他的夫人是臺灣麒麟啤酒的董事，覺得進香活動是很好的廣告機會，就向公司建議在進香活動中免費試喝來促銷。後來計畫越做越大，除了免費試喝之外，還大手筆製作了很多塑膠地墊免費贈送。因為地墊是進香客休息或過夜時鋪在地上的必需品，所以每次發送時都大排長龍，非常搶手。

就這樣贈送多年後，無論是大甲或者白沙屯，有很多人都有麒麟啤酒的黃色地墊。現在只要到進香途中的休息或過夜處，就可以看到到處都是麒麟啤酒黃色意象的地墊，無形中幫麒麟啤酒做了很好的宣傳。

其他啤酒廠商看到有這麼好的宣傳效果，爭相投入這兵家必爭的戰場，就成為今天進香沿途都有免費啤酒試喝的景象。

麒麟啤酒製作大量的地墊贈送給進香客在休憩時使用。

麒麟啤酒是進香沿途免費試喝啤酒宣傳的先驅。

臺北市天后獅子會是很特別的社團。顧名思義，大家一定會認為這個獅子會和媽祖有關，沒有錯，這個獅子會是以白沙屯媽祖的信徒為主所組成的社團。當白沙屯進香時，會傾全社團的人力物力，每天購置大批餐飲果點，以小貨卡載送到進香隊伍旁邊來贈送，全程參與不缺席。

第十五章 不同的媽祖廟有不同的媽祖

「廟越靈就會越有人拜，越有人拜廟就會越靈」。

為什麼大家在家裡附近的媽祖廟拜了還是覺得不夠，還要特地去北港媽祖、去大甲媽祖拜，這是什麼道理？

俗語說「心誠則靈」，還真的是有這麼一回事。當信眾在誠心誠意祭拜祈求時，人的真誠所激發出的無形能量會和神明交互迴盪而產生一股無形的靈氣，這股靈氣除了會在信眾和神明之間交流激盪並相互分享之外，也會在廟宇所在的空間內自然累積。所以香火旺盛的廟宇靈氣會源源不絕不斷累積，而如果廟宇所在的地方風水磁場很強，或者該尊神像本身就很容易聚氣，則靈氣會累積更快，小廟很快就成為香火鼎盛的大廟。

相對地，如果沒有人拜，廟宇的靈氣會逐漸耗損，甚至如果廟宇建築或神明遭受破壞，廟的靈氣會散逸滅失，變成沒有靈氣的廟。

在概念上，每一尊媽祖神像都是不同的媽祖分身，而每一尊媽祖分身會因為所在的廟宇靈氣強弱以及該尊神像本身的聚氣能力不同而有不一樣的靈驗度。所以雖然一樣是媽祖廟，每一間廟的靈驗度並不相同，所以才要去北港、去大甲，也去白沙屯拜。如果所有的媽祖廟的靈驗度都一樣，就不必特別跑那麼遠去拜。

白沙屯媽祖位於苗栗通霄，到北港進香時還會邀約位於後龍的山邊媽祖一起前往，所以進香的神轎裡面有兩尊媽祖，大家都說是「姊妹情深」。二〇二四年白沙屯進香的第一天晚上駐駕在大甲鎮瀾宮，媒體都報導說是十八年來第一次的「三媽會」。「姊妹情深」代表有兩個媽祖，「三媽會」表示有三個媽祖。從這些用語也可以知道，不同的媽祖分身在民間信仰的觀念上是不同的媽祖。

而且，不只不同的媽祖廟有不同的媽祖，就連同一間廟宇當中不同的媽祖神像也有不同的職掌與功能，靈驗度各不相同，說起來算是不同的媽祖。

大甲鎮瀾宮有「大媽坐殿、二媽吃便、三媽愛人扛、四媽屙尻川（屁股）、五媽五媽會」之說，五尊媽祖神像有不同的功能與任務。

大媽是鎮殿媽，是鎮瀾宮裡面最大的媽祖神像，終年端坐在正殿上供民眾朝拜，頗有坐殿壓陣的意味。二媽體型較小，端坐在鎮殿媽前面，也是終年不動，但因為信眾的目光及膜拜請求的對象都是針對鎮殿媽，二媽好像都不用負擔什麼責任，所以就吃便便（臺語白吃不必做事之意）。三媽（副爐媽）負責去新港遶境進香（其實進香的神轎裡還有四媽正爐媽及湄洲媽共三尊媽祖），所以愛人扛。四媽據傳擅長醫理，負責醫療事務，常常被民眾請回家醫病，神像下方的木頭曾被刮下木屑做藥引，所以叫屙尻川。五媽負責回應民間或團體的請託，被恭請回去供奉及做客，所以說五媽會。

因為長期在外輪流供奉，五媽現在已經不在鎮瀾宮裡面。而且不只五媽不在，因為大甲鎮瀾宮信眾極多，為了應付民間恭請媽祖回去供奉做客的需求，廟方不斷增刻媽祖神像，現在的編號已經超過一百號，這一百多尊神像都是大甲媽祖的分身。

白沙屯拱天宮的媽祖神像只有三尊，「大媽進香、二媽遊庄、三媽做客」。到北港進香是由大媽親自前往，二媽及三媽負責在廟中留守。進香回鑾後第二天遊庄遶境的任務則由二媽擔綱，至於一般民眾恭請媽祖出去供奉做客的場合則由三媽負責。

彰化市南瑤宮是臺灣徒步進香歷史最為久遠的廟宇，在西元一八一四年就有徒步去北港進香的書面紀錄。為了舉辦進香活動，在十九世紀時陸陸續續成立了十個媽會輪流承辦進香活動，十個媽會都有各自的媽祖神像。

到後來就演變成「大媽四愛吃雞、二媽五愛冤家、三媽六愛潦溪」的說法。大媽和四媽在舉辦進香活動的分組責任上分在同一組（同一年），而大媽和四媽被信徒認為很靈驗，因為有求必應，還願的信徒多，就有很多的供品，所以說愛吃雞。二媽和五媽同一組，有好幾次輪到他們承辦進香活動的那一年都發生紛爭，所以說愛冤家。三媽和六媽同一組，好幾次承辦進香時都遇到濁水溪暴漲（早年濁水溪上沒有橋一定要潦溪），所以說愛潦溪。

白沙屯拱天宮正殿的媽祖神像。

大甲鎮瀾宮正殿的媽祖神像。

媽祖信仰的源頭來自福建，但因為現在中國主政的共產黨是無神論者，不會倡導及投入宗教信仰，尤其在文革時期，很多廟宇及神像遭到嚴重破壞而致靈氣盡失。即使後來重新整建，也比較像是歷史觀光景點，而不是與民眾生活、呼吸相互依存的場所。如果從傳統民間信仰「廟越拜會越靈，越靈會越有人拜」的觀點，臺灣很多歷史悠久的大型媽祖廟個個香火鼎盛，長時間未曾中斷累積起來的靈氣，應該是華人社會中最強盛的。

萬人進香路

白沙屯媽祖在進香的去程時，轎簾是打開的，每次停駕讓信徒膜拜時，可以看到坐在轎前方很迷你的山邊媽祖，因為轎簾打開角度的關係不大容易看得到端坐在後方的白沙屯媽祖。山邊媽祖很袖珍也很時髦，每年進香時都會更換不同顏色的龍袍，鮮豔可愛，造型特別吸引人。每年龍袍顏色的變換都成為進香時的話題。

小巧可愛的山邊媽祖每年都更換不同顏色的造型
每每吸引大家的目光。

臺灣各地都有媽祖顯靈的種種傳說，最常見的是在二次大戰期間媽祖接下了盟軍的炸彈，保佑老百姓免受轟炸之害。大甲媽祖每年都要停駕的彰化埤頭鄉合興宮素有「炸彈媽」之稱，廟裡面擺放了一顆二次大戰掉落在埤頭鄉的未爆彈，傳說是因為媽祖顯靈用手接起來才沒有爆炸。

第十六章

遶境和進香不同

進香是地位較低的廟到地位較高的廟去朝拜並進行刈火（進火）儀式，藉由刈火儀式從地位較高、靈氣較強的廟分一些靈氣回來。所以進香是對外對上的，目的是求取靈氣。

當進香刈火取得大廟的靈氣回到本庄之後，會在本庄之內遶境，將刈火所得到的靈氣藉由遊庄遶境分享給庄裡面的家家戶戶，在每年例行節慶時也會在祭祀圈內舉行遶境分享靈氣給大家。所以遶境是對內對下的，目的是分享靈氣。

宮廟除了要有建築，裡面必定要有奉祀的神明，而新彫刻完成的神偶在未完成開光點眼等宗教儀式之前就只是一個木彫，必須在富有靈氣的廟宇開光點眼之後才具備靈氣，才會成為神像。

剛剛分靈出來的神像只是從祖廟分得少許靈氣，本身所在的新廟因為時間不夠久遠，累積的靈氣不夠多，所以必須定時回去祖廟謁祖進香刈火，從祖廟補充靈氣，也讓自己能夠更快速累積靈氣。

有時候分靈出去的子廟香火鼎盛，經過一段時間後已經累積強大的靈氣，甚至光環超越祖廟，照理說這時候應該不需要再到祖廟去補充靈氣，但基於倫理還是會定時回去謁祖進香，表達尊崇及飲水思源之情。

另外，地位較低或香火比較沒有那麼旺盛的廟，也會去等級比較高或者香火比較旺盛，但彼此之間並沒有祖廟分靈關係的廟宇朝拜並求取一些靈氣，這也算是進香。

至於去相同等級甚至等級較低的廟宇朝拜互訪，通常稱作「會香」、「參香」。如果是在其他宮廟進行遶境活動時被邀請去參與遶境以共襄盛舉，則會稱作「贊境」。

臺灣僅有的三個超過百年歷史的徒步進香活動，都是前往北港朝天宮進香。彰化市南瑤宮的徒步進香歷史最早，有一份一八一四年的文件顯示當年有信徒四十二人集資一起徒步到北港進香而成立「會媽會」的信徒組織（當時沒有火車、汽車、機車、腳踏車，當然只能夠走路）。這樣的徒步進香活動持續不斷，並因而在十九世紀陸陸續續成立了十個媽祖會，輪流負責承辦到北港進香的活動。到日治時期南瑤宮進香活動的人數動輒數萬人，二次大戰期間曾中斷，戰後南瑤宮徒步進香仍然是臺灣最大之進香活動。在民國五十年代，人數就可達十萬人以上。

不過因為二次戰後南瑤宮的廟務由彰化市公所接管，主任委員由當屆彰化市長兼任，每個市長及承辦的公務員對宗教事務的熱衷程度不一，因此不見得按期舉辦進香活動。到了民國六〇年代，因為政治因素的干擾而中斷，直到最近幾年才又恢復舉辦，但景況已經今非昔比，盛況不再。

白沙屯媽祖到北港的徒步進香活動起於何時並不可考，但從建廟的相關文字推斷，大概在光緒年間已經存在到北港徒步進香的活動，進香的歷史也超過百年。

大甲鎮瀾宮到北港徒步進香活動始於何時也不可考，但在清光緒年間已經有確實的文字記載，進香活動至今已有一百多年的歷史。而且在南瑤宮進香活動逐漸式微之後，取而代之成為臺灣最大的徒步進香活動。

擁入北港的白沙屯香燈腳塞滿朝天宮前的街道。

在一九八七年之前，大甲鎮瀾宮都是以到北港進香作為號召。進香旗上寫著「謁祖進香」，轎班及陣頭人員穿的號褂上寫的是「大甲北港進香」，進香目的是「刈火」，信途都說去北港進香是「回娘家」，北港人也稱大甲媽祖為「姑婆」，大甲進香團的報馬仔也都是由北港人擔任。

由黃春明編導、張照堂攝影的《大甲媽祖回娘家》紀錄片，就完整記錄了一九七四年大甲媽祖到北港回娘家的進香活動。

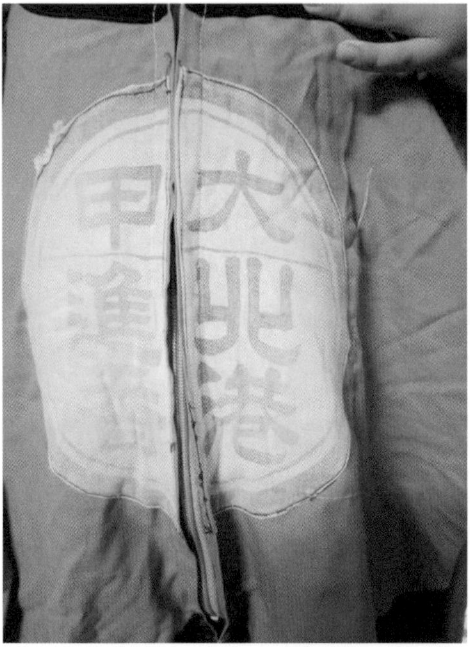

一九八七年之前大甲鎮瀾宮轎班及陣頭人員的號褂。

香燈腳齊聚北港朝天宮前等待白沙屯媽祖的進廟儀式。

大甲媽祖到達新港奉天宮後會舉行媽祖祝壽大典。

到了一九八八年，因為北港朝天宮及大甲鎮瀾宮的主事者雙方對於是否有祖廟分靈關係爭執不下，到了預定進香日期已近仍然無法妥協取得定論，大甲方面就決定不再到北港朝天宮進香。

清朝乾隆年間，因為笨港溪（今北港溪）氾濫，原來住在笨港溪南岸的笨南港人士遷居到現在的新港（舊名新南港）並另建奉天宮，整個新港市街就是以奉天宮為中心發展出來的。新港奉天宮兩百多年來都是附近居民的信仰中心，香火鼎盛。大甲鎮瀾宮不到北港朝天宮進香之後改成到新港奉天宮，因為鎮瀾宮和奉天宮兩個廟宇之間沒有分靈關係，所以名稱就改為遶境進香。

大甲媽祖不再到北港進香改為到新港遶境進香後，確實讓不少信徒感到遺憾，不過很多大甲媽祖的隨香客到新港之後，都會趁便再繞到北港朝拜。在信徒的心裡，他們就是媽祖的囝仔，不管是跟著哪一位媽祖，從來不會分彼此，路上遇到了也都相互鼓勵。

因為不再是進香，所以大甲鎮瀾宮的陣頭中不再有香擔組，而原本進香儀式中最重要、神聖的刈火儀式也取消，改為在奉天宮前舉行媽祖祝壽大典。

白沙屯拱天宮則仍然維持傳統進香的格局，媽祖到北港當天會有進廟典禮，數萬名香燈腳簇擁圍繞在朝天宮正前方的中山路上，中間讓出一條空間讓轎班人員抬著媽祖神轎向朝天宮前進。當神轎行至廟前方時，數萬名香燈腳齊聲高喊「進哦、進哦、進哦、進哦……」來恭送媽祖進廟。此時香燈腳心情亢奮到了極點，彷彿要將數日來的辛苦及完成任務的興奮藉著呼喊聲宣洩出來。

就在眾人高喊「進哦、進哦」的歡呼聲中，媽祖神轎行三進三退大禮衝進入朝天宮，這是整個白沙屯進香活動的最高潮。

而當天晚上的進火（刈火）是整個白沙屯進香行程中最神聖也最重要的儀式。儀式採佛教儀式舉行，由法師誦讀經文及進香吉祥疏文，並請人誦念所有香燈腳名字後燒進萬年香火爐中。然後再以火勺從火爐中掏引聖火放入白沙屯帶來的火缸中送入香擔，媽祖的靈力即藉由這個儀式由香擔引領回白沙屯。

白沙屯媽祖到北港進香的目的就是在刈火取得香火，所以香擔是白沙屯進香隊伍中最神聖的器物。香擔的一邊裝火缸，一邊裝茶渣餅及檀香末等燃料，沿途都要嚴加保護添加燃料，不能讓香火熄滅。香擔組是和頭旗組的人走在一起，每次休息時除了挑擔人員負責看顧香火不熄之外，其他組員會圍成人牆防止閒雜人等接近香擔，就這樣一路保護香擔將香火平安送回白沙屯。

白沙屯的頭旗組人員和香擔組人員走在一起保護神聖的香擔能夠安全回到白沙屯。

臺灣最早的徒步進香文獻是南瑤宮在一八一四年信徒集資到笨港徒步進香的紀錄。

萬人進香路

二〇一九年時，大甲媽祖和和白沙屯媽祖的進香日期重疊，我兩邊都有交錯參加。有一天跟著白沙屯的隊伍走到大甲時，有一位大甲媽祖的繡旗隊員站在休息的卡車上向白沙屯的隊伍大力招手，車旁的司機也和香燈腳熱情擊掌互相鼓勵，當時氣氛非常感人，我連拍了十張照片，所以對這位繡旗隊員印象很深。

二〇二四年在奉天宮前的媽祖祝壽大典結束後，我進入奉天宮朝拜，忽然身邊出現似曾相似的臉，我馬上拿出手機中的照片向她求證，她確認當時站在大卡車上招手的人是她本人沒錯。她叫范月梅，已經參加繡旗隊十幾年了。

昇福帆布
2632 2328
三十六執士團

二〇一八年為了拍攝文筆手的相片而拍到李仁良時我還不認識他，後來才知道上個世紀末他還是國中生時，就已經開始參加大甲和白沙屯的進香，所以二〇〇一年白沙屯媽祖潦過濁水溪時他也在場。

他在執士隊中結交了一群好朋友，除了相約每年一定會回來報名參加大甲的執士隊之外，每年也都會去走白沙屯。尤其是他和林文川及胡成懋三個人更是很早以前就參加白沙屯進香，早期白沙屯參與的人很少，香燈腳都必須下去幫忙抬轎。也許是長期為媽祖服務的因緣，他們這幾個人雖然不是白沙屯轎班成員，只是以香燈腳的身分幫忙抬轎，但也都曾經感應過媽祖指示神轎方向時所產生的那一股無形牽引拉扯的力量。

會和李仁良一起去走白沙屯的大甲執士隊好友，右起四人為林文川、李仁良、許嘉昇、王政昌，左起三人為陳秋和、謝宜志、胡成懋。

李仁良幫民眾拿文具在文筆手上加持。

第十七章

回鑾的喜悅與離愁

熱鬧的進香活動總有結束的時候。對於廟方及工作人員而言，順利完成進香行程回到廟裡是一件值得慶賀的事，幾個月來的辛勞終於暫告一段落而可以獲得休息的機會。而對於參與的進香客，在完成心願的歡愉之中，還是會帶著一絲絲的懷念與離別的傷感。走了八、九天下來已經習慣了進香的作息，回到家裡真的還要重新適應一下。

比較傷感的應該是參加大甲及白沙屯廟方以及民間自發組成的各個服務團隊的成員，很多人是因為參與服務之後才結識成為好朋友，平時散居各地，不見得有機會相聚，每年期待的就是這能夠朝夕相處的進香行程，行程結束後只能互道珍重相約明年再見，離情更是依依。

一樣虔誠的心卻會有很多不同的方式迎接媽祖回鑾。

無論大甲或白沙屯，最後一天的行程都安排得很緩慢。大甲媽祖進香期間每天平均都要走三、四十公里以上，但最後一天早上從清水朝興宮出發，要到午夜才回到鎮瀾宮，直線距離只走了八公里；白沙屯媽祖每天至少走四十公里，急行軍時甚至會到八、九十公里，但最後一天從通霄慈后宮回到拱天宮，直線距離卻只有走七公里。這是因為回鑾當天有很多的慶典及儀式，而且慢慢走才有時間接受大家的朝賀。

大甲媽祖回鑾當天，一大早從清水朝興宮出發後先要接受頭香、貳香、叁香、贊香等的參拜，然後再遶境清水街區，等到上大甲溪橋時已經中午過後。而迎接媽祖回鑾的有各個宮廟的花車、陣頭、樂隊，還有路邊擺設的紅壇、吃食攤、樂團、機關團體，一路從大甲溪北岸的橋頭綿延到大甲市區，長達數公里。

在鎮瀾宮裡，全國各地南北兩路前來朝賀的宮廟團體，從一早開始就絡繹不絕，鎮瀾宮一片歡愉喜樂的氣氛。

媽祖的神轎因為要接受各方的朝拜，過大甲溪橋後走走停停，速度非常緩慢。傍晚進入大甲市區之後，各個陣頭及神轎還要遶行大甲市區的四個城門，直到深夜，才風風光光回到鎮瀾宮裡，遶境進香的活動至此才告完滿結束。

至於全程跟隨大甲媽祖前往新港遶境進香的隨香客，因為本來就進度一直超前而沒有跟在神轎旁邊，最後一天這八公里並不會特別過一夜再走，大多數的隨香客在前一天就走完全程，回到鎮瀾宮參拜後再回家休息。進香旗上掛著沿途各個宮廟的平安符，帶著這些宮廟的保佑，心中懷著無限的滿足與喜悅，期待明年再走。

白沙屯媽祖回鑾前一天晚上依例會在通宵慈后宮駐駕過夜，回鑾當天早上從慈后宮起駕後先到秋茂園換轎。換轎儀式會先由報馬仔恭讀祝禱文恭請媽祖出轎，媽祖在北港進火之後被請入轎中時，轎簾會隨即放下遮住以免靈氣外漏，直到換轎時，媽祖才第一次又現身在眾人面前。

接著會進行搶頭香儀式，因為是媽祖從北港回返後第一次露臉，聚集在神轎中的靈氣第一次外露，所以此時靈氣最強。如果可以在媽祖第一次露臉時最先祭拜，就會接收到最大的靈氣與祝福，這個頭香的地位大家都想要爭取，叫做搶頭香。但白沙屯的居民很和諧，頭香不用搶，是各里輪流，由輪值的里民跪在神轎前祭拜，就完成搶頭香的儀式。

熱情的白沙屯居民在自家門口以豐盛的食物招待隨同媽祖回鑾的香燈腳。

從進香用的輕便藤轎被恭迎出來之後，白沙屯媽祖會換乘八人大轎，山邊媽祖則換乘四人大轎，然後兩位媽祖連袂到內島里及白沙屯火車站前一起看戲，看完戲之後才在吉時各自回宮。

白沙屯媽祖回鑾當天沒有太大的排場，前來祝賀朝拜的宮廟也只有附近的友廟，數量不多。不過白沙屯的村民們很熱情，家家戶戶在家門口置放大量餐食，提供給陪同媽祖回鑾的香燈腳享用。拱天宮廟方也會在香客大樓準備豐富的葷素食，至於外地人如果要提供免費餐飲的行列，就必須在臺一線省道上搭建篷架。

這樣的場景有點類似北港進廟當天整個北港都在請客一樣，媽祖回鑾這一天，整個白沙屯也都在請客。

白沙屯進香隨行的年輕人比較多，隨處會看到很多互道珍重、明年再見的標語，氣氛動人卻也帶著懷念與離愁。

對於按照規矩徒步走完全程的人，白沙屯拱天宮會發放紀念錦旗。這是體力和毅力的象徵，必須要全程徒步，中間不能搭乘任何交通工具，還要每天早晚到駐駕地點向聖母稟報完成起馬落馬儀式。這些都不是容易完成的挑戰，完成此壯舉的香燈腳會聚集在拱天宮香客大樓前排成長龍等著領錦旗。

香客大樓內坐地等待錦旗的香燈腳。

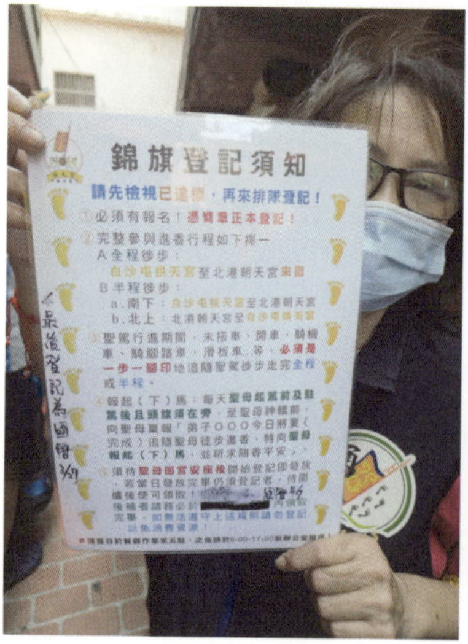

徒步進香的錦旗有分全程及半程。

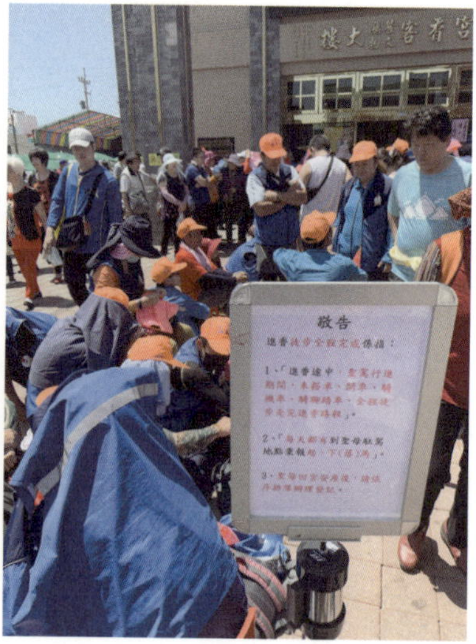

在香客大樓外排隊等待錦旗的香燈腳。

有人會問，規定是有，但誰來負責審查是不是真的徒步完成進香？答案是沒有人會審查，只要你敢說你完成了，就會發給你錦旗，相信沒有人敢騙媽祖。錦旗是自我期許完成壯舉的表徵，有不少人就是衝著這一面錦旗來走白沙屯。

最近幾年為了鼓勵大家，除了全程的錦旗之外還增加半程的錦旗。難度減半，也增加了大家的參與感與信心。

萬人進香路

白沙屯媽祖和山邊媽祖回鑾當天會在秋茂園分轎，並一起到白沙屯內島里及火車站前看戲。換轎一定在秋茂園，看戲也一定在內島里及火車站前，不過每一年的確切位置都不一樣。

在起駕當晚，白沙屯媽祖出發後，會先在白沙屯車站前及內島里範圍內進行回鑾看戲地點的選位儀式，經過秋茂園時也會在附近的空地選定換轎分轎的地點。這樣就可以讓負責迎接媽祖回鑾的工作人員有充分的時間可以預先搭設篷架及做準備工作。

白沙屯媽祖和山邊媽祖分轎後會一起到白沙屯火車站及內島里共同觀賞歌仔戲後再於吉時各自回宮。

山邊媽祖轎班人員的號褂是鵝黃色紅色細邊和白沙屯略有不同。

山邊媽祖回山邊村的時候，會先到拱天宮向白沙屯媽祖道別。

第十八章

圓夢之旅

在很多人的觀念中，媽祖進香似乎是屬於中高年人的活動，既定印象中都是阿嬤們手持進香旗虔誠祝禱的畫面。

但事實上，經過多年來的發展，媽祖進香的活動現在已經變成年輕人的圓夢之旅。很多人把登玉山、環島一周、媽祖進香等幾個活動列為這一輩子必定要參加的臺灣意象活動。

在進香的隊伍中出現越來越多的年輕面孔，尤其是在白沙屯，可以說年輕人已占大半。因為白沙屯進香路線不固定又常常急行軍，會有比較多的體力消耗，很多人把追隨媽祖進香當作是個人體力、耐力、毅力的考驗。

因為進香過夜需要裝備，經常可以看到三五個人結伴同行，互助完成進香的心願。大家把衣物及裝備集中在一個可推動前行的車籃中，在行進過程中輪流推車，沒有輪到推車的人就能夠輕鬆前行。無論是大甲或白沙屯，這樣用互助的方式來完成進香的人越來越多。

幾個人一起進香就可以將行李集中輪流拉抬減少負擔。

好幾次在休息的時候和參加的年輕人聊天，他們幾乎都提到媽祖進香活動讓他們重新認識了臺灣這塊土地。他們和我一樣，對於能夠徒步走到許多平常不會去的地方，覺得非常感動，而幾乎所有的人都會提到在進香過程中曾經得到很多素昧平生的陌生人幫助，也看到許多感人的事蹟。即使腳上起水泡、腿很痠痛，也沒有人後悔來走，而且都說明年一定要再來。

也有很多人提到來進香之後，改變了他對宗教及傳統民俗的看法。以前他們認為宮廟是老年人的事，而且經常出現的鬧事打架傳聞，讓他們將宮廟活動與八家將列為負面的辭彙，但來進香之後，他們瞭解到傳統宗教民俗活動也有很正面的意義。

進香沿途隨處可見感人的場景，大家透過媒體可以看到許多報導，諸如媽祖神轎進入醫院賜福給車禍不醒人事的小女孩保佑早日康復、母親帶著久病的小孩攔轎懇求媽祖加持、子女集體哀求受傷的父親脫離險境等等，跪在地上流著眼淚對媽祖神轎哭訴祈求的場面幾乎是隨處可見。

在等待鑽轎底的隊伍中，最常看到的是排在隊伍前端坐輪椅的人。為了安全起見，在十字路口、巷子口或交叉路口不開放鑽轎底，所以排隊等鑽轎的隊伍是一段一段的，並不是一路排到底。只要有坐輪椅的人出現，大家都會約定成俗地禮讓他插隊到每一段排隊隊伍的最前面。而因為坐在輪椅上的人無法趴在地上，轎班人員還要特別將神轎高舉，才能完成鑽轎底的動作。這高舉的動作說起來是滿費力的，但見轎班人員在高舉時不只不以為苦，而且臉上還露出助人的歡愉神情。

進香活動中的弱勢家庭是最令人心酸與感動的。在鄉村地區很多家中有精神障礙或殘疾的弱勢家庭，因為顧慮鄰里的異樣眼光，平常不大會出門。但媽祖來臨時，出來祈求賜福保佑就變得很正常，所以在鑽轎底的行列中，反而可以看到很多平常不大出門的殘疾人士及弱勢家庭。

其實，還有很多看似低調平淡卻感動人心的畫面。

我曾經在彰化大村路段，看到一位七十歲左右的老翁帶著他年約四十歲、看似腦麻而行動緩慢的兒子。老翁緊緊牽扣著兒子的手生怕被人群沖散，或許因為兒子的體能關係，兩個人的行進速度比隊伍的正常速度稍慢。老翁不停地幫兒子擦汗，並不斷靠近耳朵講鼓勵的話語，兒子則不時舉起手遙指神轎發出呀喔呀喔的聲音，好像說他要趕上神轎。就這樣，兩個人跟在人群中勉力向前。我不知道他們會走多久，會跟著隊伍走到哪裡，但可以看到父親臉上充滿欣慰與感恩的表情，就好像在說「終於能夠帶著兒子前來進香祈福」。

遇到無法跪拜的人要鑽轎底時轎班人員要將神轎高舉。

沿路都是為家人祈福跪求的場景。

我曾經在雲林土庫路段，看到有一位婦人帶著明顯智能不足的女兒站在路邊，從她們的穿著可以知道經濟並不寬裕。媽媽不時地遙望神轎，神情略顯侷促不安，有兩次似乎想要走進排隊的隊伍，卻又羞澀地回到路邊。我上前詢問她們是不是想鑽轎底，媽媽說她確實是想鑽轎底祈求媽祖保佑，但沒有來過，又不知道怎麼從隊伍中插進去。我趕快帶她們走到後方找一個空檔排隊，並陪她們等神轎來。這位媽媽說她們家很偏遠，她都在家幫忙農事並把心力花在照顧女兒身上，很少出門，這次是下定很大的決心沿途問路才問過來，等一下還要走回去。我等她們鑽完轎，又幫她們在路邊拿了媽祖請客的點心飲料才目送她們離去。雖然這位媽媽一再稱謝，但其實我的心中有更多的感動。

為了讓一般人有機會體驗進香活動，針對那些沒有辦法過夜的民眾，大甲鎮瀾宮有推出一日進香體驗團。體驗活動的當天上午集合後會做一些必要的講解，然後就讓大家跟在媽祖神轎附近走一天後解散。不只活動免費，還贈送帽子及紀念品，所以報名時幾乎場場秒殺爆滿。

當然，對商機敏銳的旅行社也不會放過賺錢的機會，很多旅行社也推出一日進香體驗的行程，用遊覽車把遊客載到離媽祖神轎比較近的地方，由專業領隊帶領大家跟隨媽祖走一段，到了傍晚再集合把遊客載回上車地點。因為費用不高，這種行程也是場場爆滿，在進香期間為旅行社帶來了不少收入。

很多進香客都是參加完一日體驗之後覺得不過癮和不滿足，就開始加入多日進香的行列。

萬人進香路

臺中教育大學臺灣語文系的林茂賢教授是民俗專家，推廣並帶領學生參加媽祖進香活動體驗民俗不遺餘力。他還設有簽到處，要求學生和特定建築物、特定活動合照，並每天記錄心得繳交報告。每年在他的帶領下都有超過千名以上的學生參加媽祖進香的活動。

林茂賢教授（中間穿紅藍細格襯衫者）帶領學生參加進香並設有別出新裁的簽到處。

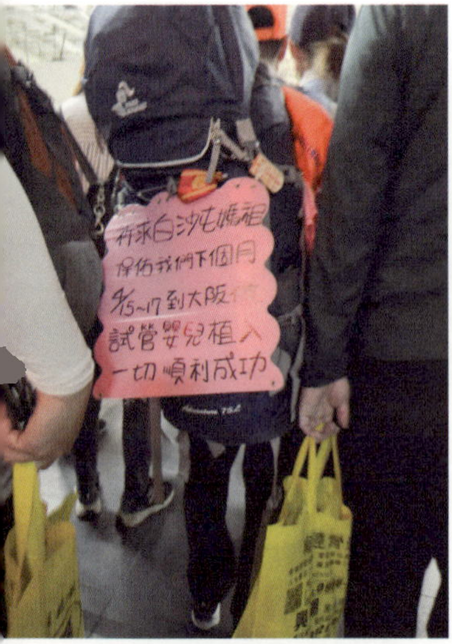

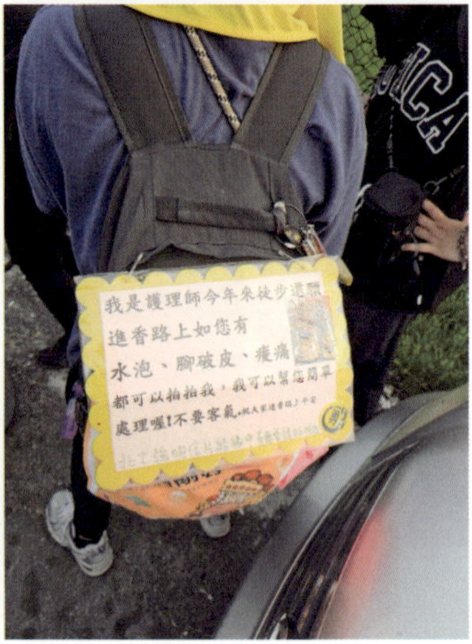

白沙屯媽祖的香燈腳有很多是年輕人，不少人很直白地寫下自己的心願掛在背上。有祈求身體健康的、有祈求學業順利考試成功的、有祈求工作順利的，心願不勝枚舉。很好玩的一點是，徵友求姻緣的人特別多。

不摸轎
不浪費食物
不亂丟垃圾
肉腳挑戰
不坐車
p.s徵男友

什麼都可以錯
就是……
別錯過
我

帶著虔誠的心，勇往直前
祈福
女兒7月出生健康
老婆順利生產
家人朋友們幸福平安
走就對了！莫忘初衷

尋找有緣人
本人73年次
無不良嗜好
有正當工作
有意者請加
賴

芳苑國中跟著
白沙屯媽祖進香
徒步為彰化縣芳苑國中學生
108年國中教育會考祈福
願媽祖保佑芳苑國中國三生
會考成績進步，金榜題名!!

請媽祖
保佑
我妹考上護理師
請保佑我

第十九章

北港迎媽祖的由來

北港朝天宮在臺灣的媽祖信仰中有很重要的地位。媽祖誕辰是農曆三月二十三日，臺灣各地在媽祖誕辰當天及之前的一段時間都會有很多祝賀媽祖誕辰的慶典、廟會或進香活動，因此有三月痟（瘋）媽祖的說法。

文化部登錄的國家重要民俗共有二十四項，其中第三到第五項分別是「大甲媽祖遶境進香」、「北港迓（迎）媽祖」、「白沙屯媽祖進香」，這三個活動是有關媽祖信仰的活動中規模特別盛大而且最具代表性的，因此成為三月痟媽祖的的象徵。而大甲和白沙屯在一百多年前開始徒步進香時就都是前往北港，所以北港可以說是三月痟媽祖的總合點。加上「北港進香」在二〇二四年成為第二十三項重要民俗活動，北港在臺灣媽祖信仰的地位實已無可取代。

在十七世紀西方國家所繪的航海圖上就出現PACKAN（北港）的字眼，甚至是用來指稱臺灣全島，可見當時西方人的認知中，北港已經是一個顯著甚至可以代表臺灣的地方。

每年白沙屯媽祖要到朝天宮進廟時，一定要經過北港圓環，圓環中間有一座「顏思齊先生開拓臺灣登陸紀念碑」，這個紀念碑的存在代表著北港（舊名笨港）在臺灣開拓史上有不可磨滅的地位。

明朝末年顏思齊在臺灣海峽上擁有強大的船隊，往來日本與中國沿海從事貿易，另外他也會向往來的船隊收取保護費（不付就用搶的）。在西元一六二一年顏思齊為了鞏固地盤，還招引中國沿海居民來北港一帶墾殖，所以顏思齊可以說是同時具有商人、海盜和移民開拓者的綜合角色。顏思齊是鄭芝龍的老闆，他死後船隊及部下歸鄭芝龍。鄭芝龍降清後，他的兒子鄭成功繼續率領部分的船隊，並在一六六一年將荷蘭人趕出臺灣。雖然有學者認為顏思齊登陸地點其實是在魍港（今布袋好美里）而非笨港（今北港），不過北港確實從明代開始就有漢人開拓，到了清代康熙年間市街已經非常繁華。佛教臨濟宗的樹璧和尚自湄洲迎來媽祖神像，並在康熙末年創建朝天宮。

臺灣最早的官立媽祖廟是臺南大天后宮，至少施琅一六八三年（康熙二十二年）攻臺時就已經存在並由清廷定為官廟，官員必須在春秋兩季祭拜。在十八、九世紀時，除了臺南大天后宮之外，臺灣最大的媽祖廟就屬北港朝天宮，大天后宮的媽祖神像在嘉慶年間因火災焚毀，也向北港朝天宮迎來媽祖神像。臺南奉迎北港媽祖（三媽）到臺南遶境的活動，最後演變成現在仍存在的「府城迎媽祖」活動。

臺南大天后宮是臺灣最早成立的官方媽祖廟。

北港朝天宮在整個清代都居於臺灣龍頭媽祖廟的地位，分靈出去的廟也多。臺灣的媽祖廟沒有辦法直接去湄洲進香的時候，就都選擇到北港進香作為替代。而北港朝天宮則是少數有能力定期直接跨海到湄洲進香的廟宇，每次進香回來都選在農曆三月十九日到達北港，並舉行盛大的遶境賜福遊行來慶祝。一八九五年後，海峽交通中斷，無法去湄洲進香，就改成在農曆三月十九、二十兩日以盛大慶典來祝賀，經過數度演變，成為今天的「北港迎媽祖」活動（三月十九日及二十日這兩天最熱鬧，但活動會延續到三月二十三日媽祖誕辰當天）。

工商經濟發展及社會都市化對傳統民間信仰及民俗慶典活動的沒落影響非常明顯。在民國七十年代之前，臺灣的媽祖廟一直都有「南北港、北關渡」之稱。臺北關渡宮媽祖和北港媽祖是齊名的，當時兩間廟香火鼎盛的程度也不相上下，但現今兩座廟的香火景況已經有很大差距。

直到民國六十年代之前，臺北迪化街一帶在農曆五月十三日大稻埕霞海城隍誕辰的慶典，則和北港迎媽祖並稱臺灣南北兩大慶典，描寫霞海城隍慶典的文章及歌曲所在多有。

在五月十三日當天，大稻埕家家戶戶辦桌請客，宴請臺灣南北各地來的的親友。光是大量由三重埔擁入臺北市的人潮，就使得臺北橋必須封橋進行交通管制，只限行人通行，附近的太平、永樂、大橋等國小當天一定要放慶典假，讓學生停課在家中幫忙。而在農曆四月二十五日三重先嗇宮神農大帝誕辰的三重大拜拜，大量由臺北擁入三重的人潮，也同樣讓臺北橋必須封橋因應。但今天這兩個慶典的盛況不再，甚至連慶典的曾經存在都已鮮為人知。

而曾經和霞海城隍誕辰並列為臺北三大慶典的，還有農曆三月十五日大龍峒保生大帝誕辰以及農曆十月二十三日萬華青山尊王誕辰的艋舺大拜拜，現在則改變風貌，以文化祭的方式來維繫，但和昔日慶典期間人山人海、途為之塞的光采情況相較，也已今非昔比。

臺灣北部的迎神賽會及傳統民俗活動隨著都市化及工商業的發展逐漸沒落，但臺灣中南部則相反，北港迎媽祖的活動不只沒有沒落，反而比以前更為豐富精采，吸引更多人參加。

北港迎媽祖慶典時朝天宮的六尊媽祖乘坐不同的神轎在北港各處遶境。

萬人進香路

臺南大天后宮有珍貴的清代御匾，康熙「輝煌海澨」、雍正「神昭海表」及「錫福安瀾」、乾隆「佑濟昭靈」、咸豐「德侔厚載」、光緒「與天同功」。因為大天后宮是官廟，才有如此完整的御匾，臺灣很多媽祖廟也有同樣字句的匾，但大多是彷品，不是皇帝親頒。

北港朝天宮在臺灣媽祖信仰的重要性，連日本總督都知道，曾經有兩位日本總督送匾額給朝天宮，為第五任總督佐久間左馬太所贈「享于克誠」，以及第十三任總督石塚英藏所贈「神恩浩蕩」，現在匾額還掛在朝天宮後殿。

輝煌海澨
神昭海表

錫福安瀾
佑濟昭靈

神恩浩蕩

與天同功
德侔厚載

享于克誠

第二十章 鞭炮與花車

既然叫作「迓媽祖」，當然要有媽祖的重頭戲。

北港迎媽祖時朝天宮的媽祖會出巡遶境賜福給北港居民，農曆三月十九日是南巡，會跨過北港大橋到北港溪南岸舊時的笨南港地區（現在屬嘉義縣六角鄉）遶境，三月二十日則是北巡，是在笨北港（就是現在的北港市街）遶境。因為朝天宮有六尊媽祖，分別由六個媽會負責抬轎，所以同時間會有六頂媽祖神轎遶行市區。如果在這兩天來到北港，會感覺怎麼北港到處都是媽祖神轎。

除了六尊媽祖之外，隨同出巡的還有中壇元帥、三官大帝、註生娘娘、福德正神、虎爺公，其中虎爺公最為特殊。

傳說中，虎爺愛吃炮，而且「虎爺」和臺語「好爺人」（富有人家）同音，大家都認為虎爺會越炸越旺，所以炸虎爺就成了北港迎媽祖最經典的活動（三媽、五媽、六媽，三位媽祖的神轎也會炸轎，但沒有像虎爺的炸轎吃炮那般瘋狂）。

炸轎通常是用堆炮的方式，會先將鞭炮堆成一座小山的形狀，然後將虎爺神轎抬到鞭炮堆上面，再將鞭炮點燃，鞭炮爆炸的強大威力會形成向上升起如原子彈爆炸一般的煙雲。旁觀的群眾懾於鞭炮的威力通常只能保持距離觀看，但挺立在神轎旁邊穿著黃色制服的虎爺會人員卻沉浸在煙霧當中，享受被鞭炮炸擊的樂趣。

炸完多次之後，不只衣服，甚至臉及頭髮都會沾滿黑色的炮灰而成為「炮灰黑人」。雖然辛苦又傷身，但因為相信鞭炮能趨吉避凶並帶來財富，所以大家仍然樂此不疲。

每炸完一次後，神轎會暫時先退到一旁，小山貓堆高機就會開進來將炮屑推掃到路邊，然後再重新堆放鞭炮，堆好鞭炮後神轎會抬進來再炸一次。

就這樣一炸再炸不曾停歇，炸一整天。

虎爺炸轎。　（攝影・胡成懋）

北港迎媽祖活動中的犁炮頗富盛名。「北港犁炮」、「臺南鹽水烽炮」以及「臺東炸寒單」合稱臺灣三大炮。

犁炮是指將農耕用的犁頭燒至高溫，將鞭炮的引信滑過犁頭，以達到迅速點燃鞭炮的效果。北港迎媽祖期間，市區內會有幾十個炮場用犁炮的方式施放鞭炮。整個北港鎮從白天到晚上，到處瀰漫著炮聲與炮煙。

炸轎時除了用上述堆炮的方式之外，也可以用犁炮的方式，將點燃的鞭炮丟到轎底來炸轎。

人家說「北港囝仔不驚炮」，北港迎媽祖期間消耗的鞭炮數量真的無法計數，只見北港街頭到處都是一堆一堆的炮屑。據衛生局的官方統計，每次北港迎媽祖活動之後，掃除的炮屑都達到數十公噸以上。

不喜歡鞭炮的人，北港迎媽祖慶典中還有真人藝閣的活動，不只老少咸宜而且氣氛相當歡樂。

真人藝閣是指在廟會或慶典中，由真人裝扮成戲劇、歷史或神話人物，坐在裝飾有花草樹木亭臺樓閣的花車上遊行的活動，臺灣現存的真人藝閣遊行隊伍，就屬北港迎媽祖的時候最為盛大。

除了北港鎮的各行政里每里出一輛花車是基本盤之外，在地各個公會郊舖如菜舖、鮮魚舖、紙箔舖、點心舖、屠宰舖、青果舖、豆干舖、籤郊、魯班公會等也都會共襄盛舉，其他還有社團、學校，以及熱心參與的企業行號及工商團體，參與遊行的藝閣花車數量可以達到五十輛以上。

每一輛花車有不同的主題，題材基本上是採自傳統神話故事及民間傳說，因為是媽祖節慶，所以與媽祖相關的主題特別多，例如媽祖昇天、媽祖收二妖、媽祖拜觀音、媽祖會四海龍王等等。

藝閣花車融合了彩繪、糊紙、木雕、陶瓷藝術、機電工程、木工、金屬加工鑄造、電焊、燈光、音效、服飾和彩妝等各種技術，要由專門製作藝閣花車的廠商承製。因為北港迎媽祖是一年一度藝閣花車的最大盛會，歷史比較悠久、技術比較好的傳統藝閣花車製作廠商，在這個檔期中的花車都早早就被老客戶預訂一空，想要新加入藝閣花車遊行的人一定要及早規劃。

不只是車子要提早規劃，人也要提早準備。

幾十輛藝閣花車遶行北港街頭形成華麗壯觀的場面吸引大量的遊客。

參加遊行要濃妝打扮、頂著大太陽坐在花車上，而且要好幾個小時不能上廁所，是很辛苦的事，但大家還是搶著要登上花車。因為登上花車可以得到神明保佑並帶來福氣，坐在花車上發送禮物給路邊觀賞的民眾又很有趣味性，很多北港小孩都會想登上花車，留下童年美好的回憶。

每年迎媽祖節慶前，北港各行政里會讓里民登記，而有意出車的各單位也會向所屬成員詢問誰有意上花車。如果還有名額，會開放給其他民眾來登記。但粥少僧多，一輛花車才十多個位置，即使遊行有五天，每天都可以安排讓不同的人上花車，但想要參加的人還是絡繹不絕，尤其週末假日的場次，小朋友不必向學校請假，來觀賞的遊客多，氣氛也比較熱烈，是大家最想要爭取的時間，如果沒有門路與人際關係，不容易在自己想要的日子登上花車。因此每年還是會有不少向隅的人，連登上花車的機會都沒有。

古早以前，藝閣花車是以人力扛抬的，為了減輕重量，花車上只允許小朋友坐。即使後來改為貨車的型式，在早期也都只有小朋友參加。不過，應該因為很多大人們也覺得好玩，所以現在花車上不再只有小朋友，青少年甚至中年人都逐漸增多，大人們爭相搶著上花車，也使得花車的位置彌足珍貴。

藝閣花車的遊行是從農曆三月十九日開始連續五天，一直持續到三月二十三日媽祖誕辰當天，但三月十九日和二十日這兩天的遊行特別盛大，而且有午間及晚上兩場，其他三天都只有晚上一場，參加的花車數量也略少一點。

要上花車的人必須自己準備大量的禮物在遊行沿途丟送給路旁觀看的民眾。早期都是丟送代表甜蜜喜氣的糖果，但曾經因為大量沒人撿拾的糖果掉在地上溼黏難以去除而衍生環保問題，現在糖果的數量減少，改送文具、氣球、飾品、花束、布玩偶等小禮品，雖然都不是太值錢的東西，但無論是送的人或收的人都很高興。這個歡樂愉快的場景，也是北港迎媽祖最令一般民眾期待的時刻。

在費用負擔上，一輛數十萬的花車當然是由出車的單位負責。打造花車的廠商會配合該輛花車的主題及人物造型一併提供穿戴的衣服裝飾，也會幫大家化妝（比較講究的人還是會自行或找美容師化妝）。至於登上花車參加遊行的人，最大的開銷就是要準備發送給民眾的小禮物。雖然說送的只是小東西，但假設一分鐘內要送出價值三十元的禮物，一場遊行大概三個小時，也要送出去五、六千元的東西。三月二十二日這一天因為有花車比賽評分，所以這一天參加的人不只在人物化妝打扮上要特別細緻，準備的禮物也要特別豐盛。

一樣是在花車上，從丟禮物的速度也可以看出來每個人花費的程度不同。通常年紀小的小朋友比較沒有金錢概念，看到丟東西給人家很好玩，就會毫無節制持續一直丟，這時候心疼的可能不是小朋友本人，而是旁邊幫忙準備禮物的父母。

理論上，成年人應該比較知道要節制，但丟出東西時民眾歡呼的熱鬧氣氛會讓人腎上腺素直線飆升，興奮的心情也會讓成年人不知不覺就一直丟送禮物。參加遊行的人到遊行後半時，經常會覺得禮物準備得不夠。

在定義上，蜈蚣陣也屬於廣義的藝閣花車，北港迎媽祖時也有蜈蚣陣，只是沒有太盛大，臺灣最大的蜈蚣陣應該是西港刈香時所出現的百人以上的蜈蚣陣（西港刈香是文化部國家重要民俗的第二項，僅次於基隆中元祭）。

每一輛花車都有不同的主體與人物造型。

夜間的花車遊行在燈光的照射下更顯璀璨耀眼。

萬人進香路

我曾經在花車集結準備開始遊行的空檔，看到一位少女咳聲嘆氣地在花車下方準備贈送禮物，我趨前問她為什麼是在準備禮品，而不是坐在花車上方裝扮成仙女發送禮品。她說後方穿紅色衣服的仙女是她姊姊，而她報名的時間太晚、報名人數太多，排不到那個位置，只能很哀怨地躲在車子下方幫她姊姊遞送禮物。

有一個小插曲，我通常只顧忙著照相，並不大會去撿拾或搶禮物。有一位仙姑扮相的小朋友，發覺撒下來的一堆糖果都被我旁邊的人撿走，只有我沒有撿到，看我可憐，還特別要拿糖果給我。

報名太晚沒有名額只能在下方幫忙遞送禮物的少女。

特別拿糖果給我的小朋友。

小朋友在花車上玩得高興，旁邊照顧的父母是最辛苦的。晚場比較涼快，而且燈火燦爛、光輝炫麗、熱鬧無比，在夜空下顯得特別華麗。下午場就比較辛苦，太陽很大，照顧小孩的父母們要幫忙撐傘還要搧風擦汗。當然，持續補滿小朋友手中禮物籃中的小禮物也是一大任務。

媽媽們必須辛苦地照顧參加藝閣花車的小朋友。

馬克單車
MARK BIKE

謝詞

媽祖牽的緣分，讓數以萬計素昧平生的人聚在一起，歡歡樂樂地走完進香之路。

一路伴隨的，不只是樸實的鄉村景致，還有取用不盡的餐點，而最令人感動的是那點滴在心頭、濃得化不開的人情味。

每次參加進香活動，心中都是滿滿的感謝。

很久以來，就想將參加媽祖進香的心得寫成書，但直到二〇二四年的夏天才下定決心。

剛好我們夫妻去美國探望女兒並全家一起去黃石國家公園旅遊，之後還完成了多年的心願，以公路之旅的方式遍遊南北戰爭及黑人民權運動的諸多歷史景點。在開了將近一萬公里的車程後來到女兒在巴爾的摩的住處歇息，就開始構思出書之事。

就在和出版社談定出書計畫後才過幾天，晚上睡覺時忽然從雙臂開始往心臟方向發生異常的疼痛，胸部有說不出的壓迫感，無論是躺著、坐著、站著、蹲著，沒有一個姿勢可以化解胸悶及冒冷汗的不適，坐立難安應該是最適切的形容。

我直覺是心肌梗塞。

非常幸運，女兒的租屋處對街就是醫院，我認為叫救護車反而慢，也怕忽然會失去意識，就趕快喚醒太太，要她陪我走過去醫院掛急診。

非常幸運，這家醫院還是心臟醫療方面頗有盛名的醫院。醫護人員非常專業，護士插上檢查心臟的儀器沒多久，馬上就確認我是心肌梗塞，立即投藥並呼叫醫生前來手術。

非常幸運，能夠做心導管手術的醫師家住不遠，很快就趕到醫院幫我裝了兩根支架。我算是從鬼門關走了一趟回來。

朋友都說我是媽祖保佑，還真的是。

醫生說我的一條動脈已經阻塞了百分之九十五以上，隨時都可能發生心肌梗塞，這次應該是長途旅行後的勞累所引起。我真的是有媽祖保佑，發病時的地點就在離醫院這麼近的地方，如果發病的地點是在荒郊野外，很可能來不及救治。

裝了支架之後短時間內不適合出遠門，原本計畫中的旅遊行程就只好都往後延，為健康著想也推掉了一些飯局及應酬，少吃大魚大肉，在家閒散休養，剛好能夠專心寫這本書。

我在想，既然心肌梗塞幾乎無法避免，我很幸運地在傷害最少的地方發病，也讓我停下匆忙的腳步有充分的時間寫書，冥冥之中似乎媽祖也在保佑並督促這本書的出版。

真的要感謝那些在進香路途中幫助過我的人，還有那些萍水相逢曾經一起走路一起交談一起感動的人，更感謝撥出時間特別讓我去拜訪並告訴我很多進香故事的人。

當然，也要感謝陪著我去媽祖進香以及四處旅遊的太太林欣翰及女兒俊懿及俊藹，因為妳們的支持，才讓這本書的出版成為真實。

國家圖書館出版品預行編目資料

三月瘋媽祖 / 王惠光 著. -- 初版. -- 臺北市：皇冠, 2024. 02
224 面；21.5×16.5公分. -- (皇冠叢書；第5212種) (Party；84)

ISBN 978-957-33-4261-8 (平裝)

1.CST: 媽祖 2.CST: 民間信仰 3.CST: 民俗活動 4.CST: 臺灣

272.71　　114000602

皇冠叢書第5212種
Party 84
三月瘋媽祖

作　　者—王惠光
發 行 人—平　雲
出版發行—皇冠文化出版有限公司
臺北市敦化北路120巷50號
電話◎02-27168888
郵撥帳號◎15261516號
皇冠出版社(香港)有限公司
香港銅鑼灣道180號百樂商業中心
19字樓1903室
電話◎2529-1778　傳真◎2527-0904
總 編 輯—許婷婷
責任編輯—蔡承歡
美術設計—嚴昱琳
著作完成日期—2024年12月
初版一刷日期—2025年2月

法律顧問—王惠光律師

讀者服務傳真專線◎02-27150507
電腦編號◎408084
ISBN◎978-957-33-4261-8
Printed in Taiwan
本書定價◎新臺幣450元/港幣150元